U0493450

杭州优秀传统文化丛书
HangzhouYouxiuChuantongWenhuaCongshu

惠民济世

陈曼冬 著

杭州出版社

图书在版编目（CIP）数据

惠民济世 / 陈曼冬著. -- 杭州：杭州出版社，2022.8
（杭州优秀传统文化丛书）
ISBN 978-7-5565-1871-5

Ⅰ.①惠… Ⅱ.①陈… Ⅲ.①中医师—列传—杭州—现代 Ⅳ.① K826.2

中国版本图书馆 CIP 数据核字（2022）第 146933 号

Huimin Jishi

惠民济世

陈曼冬　著

责任编辑	郑宇强
装帧设计	章雨洁
美术编辑	祁睿一
责任校对	陈铭杰
责任印务	姚　霖
出版发行	杭州出版社（杭州市西湖文化广场32号6楼） 电话：0571-87997719　邮编：310014 网址：www.hzcbs.com
排　　版	浙江时代出版服务有限公司
印　　刷	天津画中画印刷有限公司
经　　销	新华书店
开　　本	710 mm × 1000 mm　1/16
印　　张	12.25
字　　数	151千
版 印 次	2022年8月第1版　2022年8月第1次印刷
书　　号	ISBN 978-7-5565-1871-5
定　　价	55.00元

（版权所有　侵权必究）

序 言

文化是城市最高和最终的价值

我们所居住的城市，不仅是人类文明的成果，也是人们日常生活的家园。各个时期的文化遗产像一部部史书，记录着城市的沧桑岁月。唯有保留下这些具有特殊意义的文化遗产，才能使我们今后的文化创造具有不间断的基础支撑，也才能使我们今天和未来的生活更美好。

对于中华文明的认知，我们还处在一个不断提升认识的过程中。

过去，人们把中华文化理解成"黄河文化""黄土地文化"。随着考古新发现和学界对中华文明起源研究的深入，人们发现，除了黄河文化之外，长江文化也是中华文化的重要源头。杭州是中国七大古都之一，也是七大古都中最南方的历史文化名城。杭州历时四年，出版一套"杭州优秀传统文化丛书"，挖掘和传播位于长江流域、中国最南方的古都文化经典，这是弘扬中华优秀传统文化的善举。通过图书这一载体，人们能够静静地品味古代流传下来的丰富文化，完善自己对山水、遗迹、书画、辞章、工艺、风俗、名人等文化类型的认知。读过相关的书后，再走进博物馆或观赏文化景观，看到的历史遗存，将是另一番面貌。

过去一直有人在质疑，中国只有三千年文明，何谈五千年文明史？事实上，我们的考古学家和历史学者一直在努力，不断发掘的有如满天星斗般的考古成果，实证了五千年文明。从东北的辽河流域到黄河、长江流域，特别是杭州良渚古城遗址以距今5300—4300年的历史，以夯土高台、合围城墙以及规模宏大的水利工程等史前遗迹的发现，系统实证了古国的概念和文明的诞生，使世人确信：这里是古代国家的起源，是重要的文明发祥地。我以前从来不发微博，发的第一篇微博，就是关于良渚古城遗址的内容，喜获很高的关注度。

我一直关注各地对文化遗产的保护情况。第一次去良渚遗址时，当时正在开展考古遗址保护规划的制订，遇到的最大难题是遗址区域内有很多乡镇企业和临时建筑，环境保护问题十分突出。后来再去良渚遗址，让我感到一次次震撼：那些"压"在遗址上面的单位和建筑物相继被迁移和清理，良渚遗址成为一座国家级考古遗址公园，成为让参观者流连忘返的地方，把深埋在地下的考古遗址用生动形象的"语言"展示出来，成为让普通观众能够看懂、让青少年学生也能喜欢上的中华文明圣地。当年杭州提出西湖申报世界文化遗产时，我认为这是一项需要付出极大努力才能完成的任务。西湖位于蓬勃发展的大城市核心区域，西湖的特色是"三面云山一面城"，三面云山内不能出现任何侵害西湖文化景观的新建筑，做得到吗？十年申遗路，杭州市付出了极大的努力，今天无论是漫步苏堤、白堤，还是荡舟西湖里，都看不到任何一座不和谐的建筑，杭州做到了，西湖成功了。伴随着西湖申报世界文化遗产，杭州城市发展也坚定不移地从"西湖时代"迈向了"钱塘江时代"，气势磅礴地建起了杭州新城。

从文化景观到历史街区，从文物古迹到地方民居，众多文化遗产都是形成一座城市记忆的历史物证，也是一座城市文化价值的体现。杭州为了把地方传统文化这个大概念，变成一个社会民众易于掌握的清晰认识，将这套丛书概括为城史文化、山水文化、遗迹文化、辞章文化、艺术文化、工艺文化、风俗文化、起居文化、名人文化和思想文化十个系列。尽管这种概括还有可以探讨的地方，但也可以看作是一种务实之举，使市民百姓对地域文化的理解，有一个清晰完整、好读好记的载体。

传统文化和文化传统不是一个概念。传统文化背后蕴含的那些精神价值，才是文化传统。文化传统需要经过学者的研究提炼，将具有传承意义的传统文化提炼成文化传统。杭州与丛书作者在创作方面作了种种古为今用、古今观照的探讨交流，还专门增加了"思想文化系列"，从杭州古代的商业理念、中医思想、教育观念、科技精神等方面，集中挖掘提炼产生于杭州古城历史中灵魂性的文化精粹。这样的安排，是对传统文化内容把握和传播方式的理性思考。

继承传统文化，有一个继承什么和怎样继承的问题。传统文化是百年乃至千年以前的历史遗存，这些遗存的价值，有的已经被现代社会抛弃，也有的需要在新的历史条件下适当转化，唯有把传统文化中这些永恒的基本价值继承下来，才能构成当代社会的文化基石和精神营养。这套丛书定位在"优秀传统文化"上，显然是注意到了这个问题的重要性。在尊重作者写作风格、梳理和讲好"杭州故事"的同时，通过系列专家组、文艺评论组、综合评审组和编辑部、编委会多层面研读，和作者虚心交流，努力去粗取精，古为今用，这种对文化建设工作的敬畏和温情，值得推崇。

人民群众才是传统文化的真正主人。百年以来，中华传统文化受到过几次大的冲击。弘扬优秀传统文化，需要文化人士投身其中，但唯有让大众乐于接受传统文化，文化人士的所有努力才有最终价值。有人说我爱讲"段子"，其实我是在讲故事，希望用生动的语言争取听众。今天我们更重要的使命，是把历史文化前世今生的故事讲给大家听，告诉人们古代文化与现实生活的关系。这套丛书为了达到"轻阅读、易传播"的效果，一改以文史专家为主作为写作团队的习惯做法，邀请省内外作家担任主创团队，组织文史专家、文艺评论家协助把关建言，用历史故事带出传统文化，以细腻的对话和情节蕴含文化传统，辅以音视频等其他传播方式，不失为让传统文化走进千家万户的有益尝试。

中华文化是建立于不同区域文化特质基础之上的。作为中国的文化古都，杭州文化传统中有很多中华文化的典型特征，例如，中国人的自然观主张"天人合一"，相信"人与天地万物为一体"。在古代杭州老百姓的认知里，由于生活在自然天成的山水美景中，由于风调雨顺带来了富庶江南，勤于劳作又使杭州人得以"有闲"，人们较早对自然生态有了独特的敬畏和珍爱的态度。他们爱惜自然之力，善于农作物轮作，注意让生产资料休养生息；珍惜生态之力，精于探索自然天成的生活方式，在烹饪、茶饮、中医、养生等方面做到了天人相通；怜惜劳作之力，长于边劳动、边休闲娱乐和进行民俗、艺术创作，做到生产和生活的和谐统一。如果说"天人合一"是古代思想家们的哲学信仰，那么"亲近山水，讲求品赏"，应该是古代杭州人的生动实践，并成为影响后世的生活理念。

再如，中华文化的另一个特点是不远征、不排外，这体现了它的包容性。儒学对佛学的包容态度也说明了这一点，对来自远方的思想能够宽容接纳。在我们国家的东西南北甚至是偏远地区，老百姓的好客和包容也司空见惯，对异风异俗有一种欣赏的态度。杭州自古以来气候温润、山水秀美的自然条件，以及交通便利、商贾云集的经济优势，使其成为一个人口流动频繁的城市。历史上经历的"永嘉之乱，衣冠南渡"，"安史之乱，流民南移"，特别是"靖康之变，宋廷南迁"，这三次北方人口大迁移，使杭州人对外来文化的包容度较高。自古以来，吴越文化、南宋文化和北方移民文化的浸润，特别是唐宋以后各地商人、各大商帮在杭州的聚集和活动，给杭州商业文化的发展提供了丰富营养，使杭州人既留恋杭州的好山好水，又能用一种相对超脱的眼光，关注和包容家乡之外的社会万象。这种古都文化，也代表了中华文化的包容性特征。

城市文化保护与城市对外开放并不矛盾，反而相辅相成。古今中外的城市，凡是能够吸引人们关注的，都得益于与其他文化的碰撞和交流。现代城市要在对外交往的发展中，进行长期和持久的文化再造，并在再造中创造新的文化。杭州这套丛书，在尽数杭州各色传统文化经典时，有心安排了"古代杭州与国内城市的交往""古代杭州和国外城市的交往"两个选题,一个自古开放的城市形象,就在其中。

"杭州优秀传统文化丛书"团队在传统和现代的结合上,想了很多办法,做了很多努力。传统文化丛书要得到广大读者接受,不是件简单的事。我们已经走在现代化的路上,传统和现代的融合,不容易做好,需要扎扎实实地做,也需要非凡的创造力。因为,文化是城市功能的最高价值,也是城市功能的最终价值。从"功能城市"走向"文化城市",就是这种质的飞跃的核心理念与终极目标。

2020 年 9 月

(单霁翔,中国文物学会会长)

西湖图（局部）

目 录

001　古昔有仙君，结庐憩桐木

010　天目山前渌浸裾，碧澜堂下看衔舻

021　更忆葛洪丹井畔，数株临水欲成龙

031　钱塘东风万人裹，沈家还见奇男儿

044　前生我已到杭州，到处长如到旧游

055　古人医在心，心正药自真

068　湖海相逢尽赏音，囊中粒剂值千金

078　仁术久传金匮秘，惠风长驻侣山堂

089　良心本是回春剂，妙手真堪度世荒

101　八十精神胜少年，登山足健踏云烟

113　庵前有茶亭，永春擅伤科

128　富春江畔过，大医救苍生

142　医者理也，药者瀹也

152　戒欺铺就百年路，仁术妙方庆余堂

167　武林医薮，寻常巷陌

178　参考文献

古昔有仙君，结庐憩桐木

一

五千年前的华夏大地，正是初夏时节，八百里秦川的中原腹地，居住着轩辕黄帝氏族大部落，黄帝教人们学会了耕种、纺织，人们发明了水上划的船和陆地上跑的车。他英勇地和大自然斗争，并尽力地改善恶劣环境。整个部落就像个大联盟，每一个人与其他人都往来密切，关系融洽。岐伯初到中原，被这一幕深深震撼，以为自己来到了另一个世界。带着这种好奇，岐伯积极地同黄帝氏族来往，互相交流药方医术、研究治疗方剂。时间久了，岐伯便受到轩辕黄帝赏识，成为他的贵客和老师。著名的《黄帝内经》便是以岐伯和轩辕黄帝的互相问答为主要内容的。

黄帝轩辕氏手下有一位非常善于施行草药医术的宰相，叫作巫彭。巫彭除了会用巫术外，更重要的是他通晓草药，从动物食草受到启发，经常去野外、山上采草药治病救人。轩辕氏因为自己懂医术，因此极为看重巫彭，还封他为医相。

在钱塘江上游，初夏的东山隈是多么迷人啊！一条清澈大江，绿波缓缓静流，另一条斜地里的支流将一座山紧紧围绕，山不高，却葱郁。暖阳温顺，阳光洒在江面上浮起的金光，犹如夏日夜空灿烂的群星那般耀眼。

玫瑰花、金银花、枣花等浓淡各异的花香，还有泥土香、水香、树香都随着和风在空气中弥漫，让人陶醉。江里喝足桃花水的鱼群一拨一拨争着往上游，寻找适合它们的生儿育女的温床。山并不是太嶙峋，也没有很平缓，草木郁葱，鸟语花香。东边山坳有一大片平坦的凹地，桐树茂盛，树干高高的。叶片差不多是团扇大小，密密层层地叠在一起，不留一丝空隙。

黄帝身边还有一位医生，轩辕氏命他与巫彭在东山隈配制药方，以治病人。他是谁呢？

二

已是中午时分，一位须发皆白，穿着葛衣芒鞋，背着背篓，手里拿着一把小石锄的采药老人正坐在树荫下休息。老人的周围坐着许多农人，七嘴八舌地在问些什么。

"老爷爷，你每天上山挖这些草根、树桩，它们有什么用啊？"

"还有这些个树皮、树叶，又是拿来干什么的呀？"

"可别小看这些树皮、树叶哟，它们可一点儿也不普通。"采药老人笑眯眯地看着大家，慢条斯理地说，随即又举起手中的几条草根给大家看，"这是连翘，连翘花的香味轻淡。连翘能治毒疮，清热解毒，散结消肿。"

老人又拿起一株白色的花问道："你们看，这花像什么呀？"

"像……像半朵莲花！"

"对了，这就叫半边莲。"采药老人说，"半边莲可以清热解毒，尤其对治疗毒蛇咬伤特别灵。"

"哎呀，这药能治蛇毒啊？去年我们村里有一个小伙子不小心被蛇咬了，因为当时没有人懂治疗蛇毒的药，只能眼睁睁地看着他受罪啊！"一个老农民叹息着说，"老人家，要是早点遇到您就好了。"

老人微微一笑说："不忙不忙，我每天都在这一带山上采药，你们有事就尽管过来找我，只要我能帮得上忙。"

一日，东山脚下一农夫上山砍柴，没走几步就觉得天旋地转。农夫强撑着又向前走了几步，忽然眼前一黑跌倒在地，意识全无。白发老人采药路过，见状，立即蹲下身去，手指轻轻搭在农夫的动脉上，号了一会儿脉，又翻开农夫的眼皮看了看，然后解下身上的药葫芦，从里面拿出草药给农夫服用，待农夫服下，按着农夫右手的合谷穴助他恢复。过了一会儿，农夫渐渐醒过来，他看到白发老人在自己身边，急忙站起来，千恩万谢。老人却只是摆摆手说，治病救人，是医家应该做的事情。

魏一媚编著的《桐君山》一书记载了这样一个民间传说：

那年夏季连日暴雨，东山隈发了洪水。大水过后，紧接着又出现了疫病。由于当时的卫生习惯非常不好，瘟疫的感染率非常高，感染速度也极快，半个多月后就感染了一大片。

正当人们绝望时,那位每日上山采药的老人在一棵梧桐树下搭了一个茅庐。茅庐不大,有三间房。老人一般在左边卧室休息、写作,在右边一间研药、制药,在中间客堂诊病。老人白天就走街串巷,救死扶伤。到了晚上,他便生起火来开始熬药。住在远处的百姓虽然看不到老人熬药的样子,但是每当看到被老人熬药的火光点亮的半边天色,他们的心里就会好受很多,时间久了,老人的存在就像是当地老百姓的精神安慰。老人的药疗效极好,可以说是药到病除。一传十,十传百,找老人看病的人越来越多了。

一天晚上,老人正要歇息,忽然进来了一个人。虽然天色已晚,但既然有病人上门,医家哪有不看之理?老人于是请那人坐下,开始号脉。刚搭上那人的脉,老人就感觉不妙——这脉搏极不寻常,时有时无。"张开嘴,我看看舌苔。"老人一边说,一边给来人看起了舌苔,但见这人的舌苔漆黑一片!老人心里暗叫不妙,来者不善啊!老人不作声,取过药葫芦打算拔塞取药,说时迟那时快,那人突然夺过葫芦,大声喊道:"老头,你知道我是谁吗?实话对你说,我是瘟神!只是你这个老头子,我与你无冤无仇,你为啥偏要逼得我无路可走呢?"老人见宝贝葫芦被抢,甚是着急,不顾年事已高,扑上去抱住瘟神,想要把葫芦抢夺回来。两人抱在一处扭打起来,各不相让,最后双双滚下了山下的深潭。

药葫芦在他们争抢的时候也滚落了下去并被山下的岩石砸开了一道裂痕,药从裂痕处缓缓渗出。渗出的药与江水相融,江水顿时变得碧绿澄清。掬起一捧,饮在口中甜甜的,凉凉的,沁人心脾。而瘟神也就这样被压在了水底,动弹不得。

斗瘟神是民间百姓对桐君老人除恶行善的美好遐想。

古昔有仙君，结庐憩桐木

药祖桐君雕塑

可这位采药的白胡子老人还真认得许多草药，而且上知天文，下知地理，大家都觉得他实在不简单，就像天上的神仙一样。当地的老百姓都想把他留下来，这样就可以为村里人的健康保驾护航了，还可以随时向他请教，学习医药知识。于是大家就问他姓什么，叫什么名字，寿数几何。谁知老人一问三不答，只是笑了笑，用手指指身后那一片高大而茂密的梧桐树。

村里的人读懂了老人的意思：原来他姓"桐"。从那时候起，人们就尊称他为"桐君老人"。

桐君老人在这里住了很久，走遍了附近的山头，采

雾锁桐君山

集了许多草药，为人们看病，救死扶伤，做了许多好事。

他认为，一人之能力，终究有限，所以他要教授更多的徒弟，让徒弟们像种子一样漫山遍野生长，造福更多的百姓。正因如此，桐君老人在看病、采药、与村民交谈的过程中，不断物色学徒。无论是梧桐树下，还是田间地头，抑或是河边、桥头，都能看到桐君老人授课、讲学的身影。而他的学徒们琅琅的读书声也常常回荡在村子的上空，同山间小鸟儿的叫声唱和着，美妙而温馨。桐君老人边看病边教授学徒。每当他接诊一些疑难杂症，他就会将病案同学徒一起分析。课堂上，他着重讲述病例的用药，告诉学徒如何识别不同的中草药，如何服药才能保留更好的药效，等等。更多的时候，他带着学徒

古昔有仙君，结庐憩桐木

们一起采药。

后世尊桐君老人为"药祖"，桐庐也因而得名"药祖圣地"，他采过药的山叫作"桐君山"，他在山上住过的茅庐叫作"桐庐"，他攀登过的山岭叫作"桐岭"，那流过桐君山下的青碧的溪流就叫作"桐溪"。

三

桐君老人是传说里的人物。在传说里，这位老人已经被世人视为天上的仙人。

民间传说，他常坐在用红云驾驭的车子上，在空中飘游，召唤来各种药材的精灵，让它们把药材的药性一一口述出来，编成了一部药书《桐君采药录》，以便世人了解和掌握，祛病延年，造福人类。《桐君采药录》当然不是药材精灵编写的，在中国文化中，道教与医药保健、自然科学关系密切，关于桐君的记载就颇有道教色彩，后人往往将桐君的采药与求道联系起来。《桐君采药录》托名桐君，堪称世界上最早的制药学专著，前后流传了上千年，影响波及海内外，惜到北宋时已失传。《桐君采药录》与《黄帝内经》《神农本草经》一样，是我国古代早期的中医药学书籍。

最关键的是在这本书里提出的"君臣佐使"的药物配伍格律。"君臣佐使"是方剂学用语，是治疗中方剂配伍的基本原则，就是从多元用药的角度，论述各药在方中的地位及配伍后的性效变化规律，是中医药处方的指导思想，一直沿用至今。其中，君是主药，臣是辅药，佐是佐药，使是引药。

桐君在传说中一直都是一个采药老人的形象。上古时代，人类尚处于蒙昧时代，对大自然和人类本身的认识都十分肤浅，对于医药的体验更是懵懂得很，全凭口耳相传，懂医懂药的多为年长之人。采药老人、老郎中，甚至老神仙的称谓和形象即由此而来。桐君这一上古黄帝时期的药官形象就脱胎于此，是无数个采药老人形象集中而成的典型。

作为药祖的桐君，之所以在桐庐出现，有一定的偶然性，也有一定的必然性。桐庐山清水秀，植被良好，林木茂盛，山峰顶白云萦绕，溪中清流蜿蜒，袁枚的《桐江作》中有云："桐江春水绿如油，两岸青山送客舟。明秀渐多奇险少，分明山色近杭州。"桐庐山不但盛产各类药物，更是古人向往的修道养性之地，也非常适合人们生活起居，正如《与朱元思书》中所言："鸢飞戾天者，望峰息心；经纶世务者，窥谷忘反。"

作为中华民族的药祖，千百年来，桐君一直活在人们的心里。人们还在桐君山上建了桐君祠和桐君塔，成为一方名胜。

《萧洒桐庐郡十绝》是北宋名臣范仲淹的诗。关于"桐庐郡"的来历，据南宋祝穆《方舆胜览》卷五《浙西路·建德府·山川》记载，还是与桐君老人不无关系的："桐君山，在桐庐。有人采药，结庐桐木下。人问其姓，指桐木示之，江、山因以桐名，郡曰桐庐。"

天目山前渌浸裾,碧澜堂下看衔舻

一

有关天目山,古籍中有诸多记载。如先秦时期的《山海经》记载:"浮玉之山,北望具区,东望诸毗。有兽焉,其状如虎而牛尾,其音如吠犬,其名曰彘,是食人。苕水出于其阴,北流注于具区。"浮玉山就是天目山。天目山历史悠久,是我国中药材资源的瑰宝之地,当地流传着许多与中医药有关的民间传说,其中最有名的当属"纯阳子假怒甩药担"了。

纯阳子就是吕洞宾。章鹏飞编著的《天目山中药文化》中就记载了这个传说:

有一年夏天,吕洞宾挑了草药来到人间,相传,他是来为凡人治病的。

一天,在天目山走了一整个上午的吕洞宾又累又渴,看到前面有一株大树,便快走了几步到树荫底下坐着休息。大树的不远处是一个水潭,水色碧绿,清澈见底。忽然一条蛇游了过来。只见这条蛇游过的地方,水潭的水都变了颜色。吕洞宾看着这条蛇心下大惊:不好,怕是条剧毒的蛇！等吕洞宾回过神来，这蛇已经游得无影无踪了。此时刚好一个挑着柴的农夫经过，看到这潭水，便将肩膀上的柴卸到大树底下，然后蹲下将手伸进潭水边洗边说："这水可真清凉啊！这一天柴挑得我真是又累又渴，我可得在这里喝水喝个饱！"说完便咕咚咕咚喝起水来。农夫喝完还用水抹了把脸，然后回到大树下坐着歇息。同坐在大树下的吕洞宾扭头看了一眼农夫，发现他额前已经沁出了汗珠，心想：坏了，怕是潭水有毒，农夫中毒了！

"老乡呐！"吕洞宾刚要开口，却见农夫从兜里掏出几粒不知道是什么的东西，揉搓一下塞到嘴里嚼几下咽了下去。不一会儿，农夫就精神十足地挑起了柴担，准备继续赶路。吕洞宾将未出口的话改成了："您这吃的是啥灵丹妙药啊？"农夫看了看吕洞宾，张大嘴朝他哈了一口气。但见吕洞宾大喊一声："哎呀，臭死了，你这吃的是大蒜啊！"农夫大笑："哈哈哈，是啊！大蒜除秽解毒，暑天里我随身带着，有个头疼脑热的，比啥灵丹妙药都管用呢！"

别过农夫，吕洞宾继续在山上走。走着走着，他看见从树上跌下一条毒蛇。只见这条蛇掉下来后又敏捷地爬上树，爬着爬着又跌落下来，一跌两跌，跌成一个"蛇跌鳖"。关于"蛇跌鳖"，清代薛福成的《庸盦笔记》里说"世传蛇跌鳖，性最毒，食之能杀人。买鳖时，须以绳穿其尾，倒挂两时许，试之，如蛇也，则顿复原形矣。"这时候一个村民经过，看到"蛇跌鳖"便捡了起来，吕洞宾赶忙上前："这玩意儿可是有剧毒的，快放了，不能要！"村民一乐："没事，今儿回家正好加餐！"吕洞宾张嘴还想说些啥，只见这村民提着"蛇跌鳖"、哼着小曲儿自顾自走开了。吕洞宾叹了口气，悄悄地跟在村民身后，想着万一村民吃鳖中毒了，好给他医治。可是吕洞宾左等等，右等等，等到太阳下山了也没等到有人中毒。正疑惑着，这村民从家里走了出来，红光满面，看到吕洞宾就笑着过来打招呼："你怎么在这里？要不要去我家坐会儿，喝点酒？"吕洞宾问："你把那鳖吃了？""是啊，我放了生姜一起蒸，正好去腥解毒，味道好极了！"

吕洞宾叹了一口气说："世间原有灵丹药，何用神仙来下凡。"说着，顺手甩掉药担，重新回天庭去了。

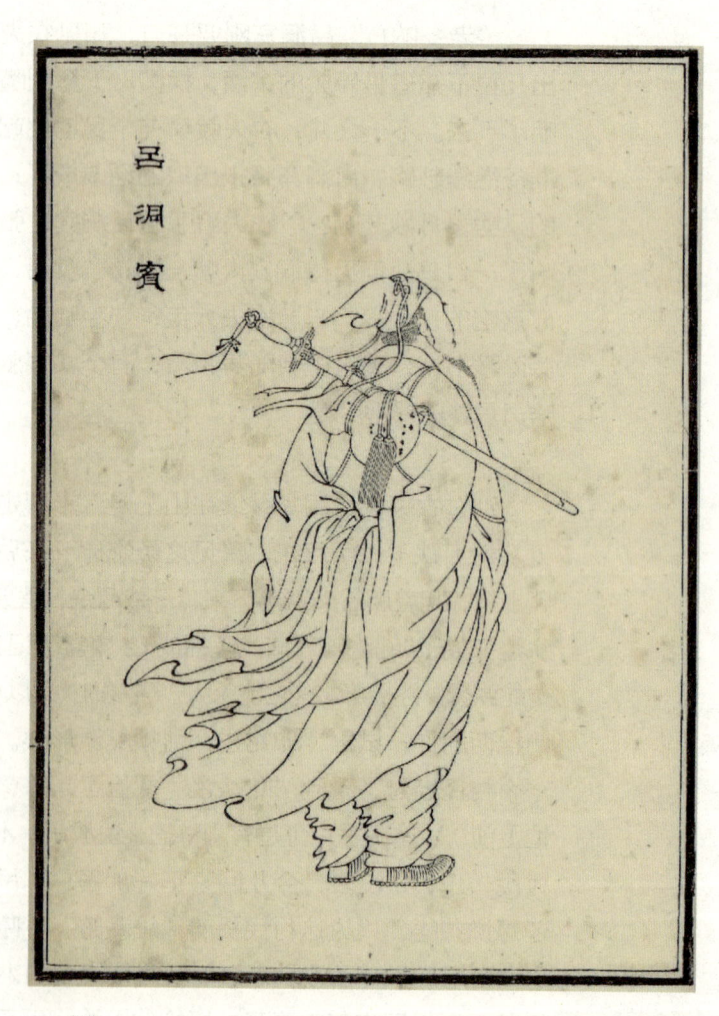

吕洞宾像

吕洞宾顺手甩掉的药担落在了一座山上，这座山成了百药山。百药山在哪里？相传就在天目山。天目山的药材不仅产量大，质量也更优。其中山茱萸、凹叶厚朴、天麻、天目贝母、明党参、天目地黄、白术、半夏、乌头、忍冬、柴胡、黄独、浙玄参、藿香、五加、续断、太子参、三叶青等许多名贵稀缺或用量较大的中药材原植物，有着很大的保存与使用价值。

相传有一只口衔仙草的仙鹤从南极仙境起飞，一路寻寻觅觅，就想给仙草找一个适合生长的地方。一日，仙鹤飞过天目山麓上空，不禁感慨：好一片人间仙境啊！这里依山傍水，气候宜人，真是个不可多得的宝地。于是它就停落此地，把仙草种了下去。

仙鹤对这株仙草爱护极了，白天施肥、除草、松土，到了晚上也舍不得离开。日子久了，这只仙鹤化作了一座山，当地人把这座山称作"鹤山"。

有一年鹤山大疫，好多人染病卧床不起。

这一日，秋高气爽，临安於潜街头有一个姑娘向病人免费发放白术。但见她一袭白衣，上面绣着菊花与朱砂，好看雅致，吸引了街上不少人的目光。

白术主要产区在於潜天目山一带，称於术，又叫云头术和仙鹤术，品质上乘，有"北参南术"之称。

《药性字典》载："白术之产浙江於潜者，号称於术，性尤驯良。"

《清异录》载："潜山产善术，以其盘结丑怪，有兽之形，因号为狮子术。"

《本草纲目拾遗》载:"白术一也,今出於潜者,则根斑而力大。"

有一个药房老板见白衣姑娘免费发放白术,特别受老百姓欢迎,便觉得有利可图,就让人假扮病人去收姑娘手中的白术,再转手倒卖给其他人。没想到白术治疗瘟疫疗效惊人,药到病除,这个黑心老板居然因此发了一大笔横财。老板越想越觉得有利可图,就想把白衣姑娘手中的白术全部收来。他反复回忆姑娘说过的话,隐隐约约想起,姑娘似乎家住鹤山。于是便去鹤山寻找,可是找来找去也没有找到。老板娘见老板一无所获,悻悻归来,便是一顿臭骂。骂完了,老板娘在老板耳边如是这般地耳语了一番,只见老板眼珠子滴溜溜地转,频频点头。

春去秋来,第二年,少女又来了。这一回,老板对白衣姑娘特别殷勤,甚至从自家带来了板凳请白衣姑娘坐下歇脚。白衣少女才刚坐下,老板娘趁其不备将一枚穿着红线的针别在了少女的衣裙上。待白衣女孩回家时,老板带着伙计悄悄跟在身后。姑娘沿着那条人迹罕至的小道向斜坡上跑去,跑着跑着,忽然不见了。

伙计们急得大喊:"不见了,不见了怎么办?"老板诡异一笑:"不急,跟我来。"他带着伙计们沿着姑娘走过的小路仔细搜索,忽然看到了一株长着红线的千年老白术,香味扑鼻。老板高兴极了,扯着嗓门叫嚷:"快!快!拿锄头来。"伙计一锄头掘了下去,却见金光一闪,老板的眼睛被刺瞎了,老白术也不见了。从此之后,再也没有人见过那个白衣姑娘。

这是一个民间传说,后来被收录于《天目山中药文化》一书中。民间传说多虚构,却寄托了老百姓美好而善良的愿望。据当地人说，如果切开鹤山出产的白术，真的隐约可见点点朱砂和朵朵菊花的样子呢。

二

道教对天目山中药文化的影响主要归功于诸多崇道兼修医术的道教医药学家。这些道教医药学家为中医药学的发展作出了重要贡献，丰富了天目山中药文化的内容。养生思想是道教文化的一根主线，纵观道教历史，道士都是以长生不老，羽化登仙为终极目标的。

传说中的彭祖是中国古代养生学奠基人。彭祖曾经在位于天目山地区的临安修道养生多年，后寿终于此地。清代俞正燮《癸巳类稿》卷十五中的《彭祖长年论》一文引《浙江通志》云："彭祖墓在临安县东南十里，大涤山天柱峰下（实为美女峰）。"

彭祖之所以在道家发展史上留名，主要是其长寿养生的理论为历代道家、医学家所继承，产生了广泛而深远的影响。彭祖八百岁的传说一直流传至今，也有一种说法是由于历法的不同，用上古干支纪日法计算，彭祖实际年龄为一百二十六岁。但是无论如何，彭祖是长寿的养生达人这一说法流传至今。

彭祖的长寿主要得益于他的养生之道。传说中彭祖非常善于养生。他的服食、吐纳、守静、导引等养生学说，对道家、道教乃至中医药学都产生了非常广泛的影响。

彭祖养身论的精髓被称作"潜心修道"。他清静、恬淡，不慕名利，崇尚自然，以修身养性为生活之重。

《神仙传》载："少好恬静，不恤世务，不营名誉，不饰车服,唯以养生治身为事。""然其性沉重,终不自言有道,亦不作诡惑变化鬼怪之事,窈然无为。"

彭祖平时精于饮食,是服食派的创始人。《神仙传》谓其"善于补养导引之术,并服水桂、云母粉、麋鹿角,常有少容"。他常用雉羹、麋鹿角等来滋补身体。彭祖的服食养生法对道教的服食、中医药科学的发展和养生健康,都起到了奠基的作用。

吐纳导引,闭气内息,更是彭祖健康长寿的要道所在。"吹呴呼吸,吐故纳新,熊经鸟申。"(《庄子·刻意》)

彭祖每天坚持练习导引之功,早起端坐、揉目、摩肢、咽津、意守、吐故纳新,从而使身体舒适、百病皆除。彭祖的气功有吐纳、闭气、引气、咽津、服气、运气、疗病等内容,包含了中国道家气功理论的所有精华。

守静,也是彭祖的养生要道。《老子》中关于"静"的描写和阐述有十余次之多。彭祖喜欢独处,爱好清净,竭力保持内心的平和,与社会保持和谐的状态。《神仙传》中写道:"时乃游行,人莫知其所诣,伺候之竟不见也。有车马而不常乘,或数百日,或数十日,不持资粮,还家则衣食与人无异。"这种"守静"的养生理论至今仍被人们推崇。

天目山地区民间有"八百里采女问道"的故事,后被收录于《天目山中药文化》。讲的是殷商时,商纣王很想获得彭祖的长生之道,而彭祖因商纣王暴虐,再加上大彭国被商所灭,心中不免有失国之恨,于是他为躲避朝政琐事,离开中原,来到临安八百里隐居。商纣王委托出身于菜农之家,活到二百七十岁的采女去八百里向彭祖讨教养生之道。采女打听彭祖的下落时,全村人一个个都笑而不答。找彭祖无果,采女苦思冥想。

一天,彭祖从天目山采药回来,路过村口,看见采女正在水边洗炭。看到采女如此认真的模样,彭祖觉得非常奇怪,忍不住上前说:"我彭祖活到八百岁,还没见过有人洗炭哩。"采女一听高兴地说:"哎呀,那你就是我要找的彭祖了,你可知道,我找你找得有多苦!"采女于是把来意告诉了彭祖。彭祖见她诚心诚意,又是同道中人,便将养生秘诀传授给了她。这件事一传十,十传百,村子里的人都知道了这件事,溪边这桥就被村民们叫作"洗炭桥"。

在临安居住的这段时间里,彭祖经常上天目山采药,静修养生。彭祖得青精先生真传,钻研长生之道,专门研究出羊羔酒,在临安撰写医书时将羊羔酒写入了《彭祖经》,后来该书失佚不传,民间仍有"彭祖得长寿,借助羊羔酒"之说。又有传说称羊羔酒是大宋皇帝赵匡胤养心健身、治国安邦之美酒,赵匡胤杯酒释兵权时宴请众将领时用的即是羊羔酒。后来金兵犯境,徽、钦二帝被俘,"小康王"赵构"泥马渡江",一路向南逃跑,逃至临安石泉南面的一个山坳里,得农家姑娘秀姑相助而得救,却一病不起,多亏了秀姑父亲每日以香甜美酒进餐。而这秀姑父亲正是彭祖的五十六世孙,他继承了祖传羊羔酒秘方。后来羊羔酒的秘方在临安民间流传。据传明朝李时珍采药到天目山时,探得羊羔酒秘方,将它汇入《本草纲目》中。

民间相传,彭祖自编的《长寿歌》道出了长寿的秘密:"苕溪碧水兮丁冬日夜流,问君何以兮能得享高寿?淡泊甘蔬兮吾不湎脂酒,调和化纳兮饭后百步走。拳术常运兮服劳自动手,沐日颜黝兮空气通窗牖。饥馑晨昏兮烹雉何所求,服食灵草兮营卫强肌肤。阴阳补益兮心安

彭祖像

气血流,精气充盈兮吾好远方游。大怒不忿兮坦荡无忧愁,大道遵行兮定卜登上寿。"

苕溪是临安一条重要的河流,在《山海经》中就有记载。彭祖正是在苕溪碧水边,在清风明月、松柏翠竹间修道养生。

彭祖养生的理论和实践,对人们健康养生有重要的借鉴作用,也对中国传统医药产生了深远影响,其中对天目山中药文化更是意义深远。

三

天目山地区的节日习俗大多涉及中医药，形成了别具特色的节日医药习俗。

例如民间有一种"屠苏袋"，是当地的医师们在每年元旦前，将虎头丹、八神、屠苏等药物装入绛囊制作而成，据说可以用来辟邪气。

因为荠菜有清热、止血、凉血、利湿通淋、平肝明目的作用，所以每年三月三，当地妇人会采荠菜花放在灶头，以防蚂蚁和虫蛇。

立夏时节，江南人家要吃两种饭——乌米饭和蚕豆饭。乌米饭由乌树叶泡糯米再蒸熟而成。乌树叶可消肿解毒，止痒驱虫，润肠通便。蚕豆也是一味很好的中药，能明目、益气健脾、利湿消肿。立夏时节吃了这两种饭，预示着这一个夏天都会平平安安不生病。

端午在民间算得上是一个重大节日。到那天，家家户户门边都要插菖蒲和艾蒿。《荆楚岁时记》载："采艾以为人形，悬门户上，以禳毒气。"艾草是很重要的药用植物。端午正是艾叶的生长旺季，艾油含量最多，药性最佳，药效也最好。老百姓常常将艾叶加工为"艾绒"。艾绒可以灸穴，也能驱虫。艾叶不但可以插在家门口，还可以和苍术、白芷一起烧烟熏屋，或者加水煮汤给小孩子洗澡。端午天气热，五毒醒，不安宁。根据传统的说法，洗过药浴的孩子不容易生病，不容易长痱子，而且身上散发的气味可以让蚊虫远离，不被虫咬。

除了艾草，雄黄、白芷、紫丁香等中药材，也是端午时节民间常用的。端午时节泡雄黄酒，家里每个人常要喝上一口，以驱邪解毒。《白蛇传》里就有许仙让白素贞喝雄黄酒，白素贞现出蛇形的桥段。喝剩的雄黄酒可洒在门窗、墙脚处，据说能防蛇虫百脚。用白芷、丁香、木香等药材做成香袋让小孩戴在身上，以芳香逐疫也是端午节的习俗。

根据中医书籍《外科正宗》记载，癞蛤蟆可制成药用蟾酥，有解毒、消肿等功能，可治疗痈疽、疮疖等症。因此，天目山区也有夏天给小孩吃癞蛤蟆的习俗，老人们说吃癞蛤蟆能降火，吃了不易长疮疖、痱子。

这些传统节日与老百姓的生活息息相关，涉及很多中药材，习俗里蕴含着祛病除邪的医疗常识，也正是中医药文化在天目山地区的一种体现。

更忆葛洪丹井畔，数株临水欲成龙

一

"王濬楼船下益州，金陵王气黯然收。千寻铁锁沉江底，一片降幡出石头。人世几回伤往事，山形依旧枕寒流。今逢四海为家日，故垒萧萧芦荻秋。"这是唐代诗人刘禹锡的《西塞山怀古》。诗中前四句写的是西晋咸宁五年（279）晋武帝大举伐吴的历史。

在这场注定要失败的战役中，吴国上上下下不约而同地想到了一个能安邦定国的能臣——葛悌。此时葛悌已被外放多年。慌乱的东吴朝廷把手里仅剩的兵马都交给了葛悌，并期待着这个文武双全的将领能够挽回败局。

葛洪后来以"天之所坏，人不能支"八个字概括了战争的结果。

西晋太康元年（280），西晋灭吴。葛悌也随吴国朝廷归了晋朝，一起来到了洛阳。西晋太康十年（289），葛悌被皇上挑中去辅佐皇子。葛悌当上郎中令后不久，晋武帝驾崩，之后惠帝司马衷继位。惠帝司马衷并不信任前朝旧臣，作为降臣的葛悌日子过得并不如意，他被外放到了广平郡肥乡（今河北邯郸市肥乡区）担任县令。在肥乡，葛悌并没有辜负"治世能臣"的名声，他为官清廉，为老百姓做了不少好事和实事，当地百姓对他甚为拥戴。之后，葛悌被提升为邵陵（今湖南邵阳）太守。

在邵陵期间，葛悌偶尔会想起父亲葛系。葛家本是大族，父亲葛系在吴国担任过礼部尚书、辅吴将军，被封为寿县侯，彼时意气风发。

可到了自己这一辈，因为是前朝旧臣，恐怕儿子再没有顶班的机会。

西晋太康四年（283）①，葛悌的第三个儿子葛洪出世。那天下着瓢泼大雨，葛家东面不远处就是条小河。暴雨落到小河里，河水翻腾。葛悌望着汹涌的河水感慨万千。他给这个孩子取名单字一个"洪"，字稚川。洪指的是洪水，稚川的意思就是小河。

幼时的葛洪并不是个聪明的孩子，但他天性淳朴坦诚，喜欢读书，从不和人攀比，因此同乡人给他起了个绰号叫"抱朴之士"。葛家有一所宅院，有浩瀚藏书，葛洪爱书，什么书都看。一日，他在家里藏书中发现了一本《金液丹经》。

"父亲，咱家有本《金液丹经》。"

葛悌听罢便道："你现在不适合看这本书。"

"为何？我看到书里面有好多从祖父写的注解呢。"

"是啊，这书是你从祖父葛玄的师傅的。"葛悌回答道。

① 一说葛洪约生于西晋太康二年（281）。

"从祖父的师傅是谁?"

"是三国时期的左慈。"

家学渊源是很神奇的存在。葛洪学习范围很广,不过他更喜欢的却是神仙导养之法。这一点像极了他的从祖父葛玄。葛玄自幼博古通今,却偏偏不喜仕途,相反对黄老之术却十分喜爱。于是他拜左慈为师,饱读五经,并学习道法。当时葛玄身处东吴,人人都知道他善道法,于是孙权便把他召入宫中,一旦有大事必与葛玄相商。

西晋元康六年(296),西晋正处于八王之乱。此时葛悌不再关心朝廷政策,正安静地躺在棺材里。十三岁的葛洪孤苦无依,只能守着宅院和藏书独自生活。门里和门外一般冷清,白天和黑夜同样寂静无声,葛洪愈发依恋藏书了,没日没夜地阅读,似乎唯有书籍才能慰藉他的孤寂。只是此时他暂时放下出世的丹道仙书,重新捧起了入世经济的儒家典籍,毕竟生存是第一位的。

一夜,睡梦中的葛洪被邻居叫醒:"葛洪快跑啊!你家里着火了!"

一时间火光冲天。如此,两代人积攒的家业,被一把火烧得精光。

此后葛洪便只能靠上山砍柴维持生计,十三岁的少年,手上经常被磨得长满血泡。他将砍来的柴火卖出,又买回一些笔墨用来学习。月光皎洁,夜风凉爽,少年葛洪读书写字之余抬头问天,孤独的少年还是惦记着那些出世的丹道仙书。

葛洪十六岁的时候就已开始诵读《孝经》《论语》《诗

经》等儒家经典之作，可读来读去，他依旧觉得修仙问道更有意思。这是上一世宿缘还是这一世开悟，恐怕永远没有人知道答案。那些日子里葛洪静静坐在草棚里，思考着要不要去拜郑隐为师。

二

郑隐是葛玄最著名的弟子，葛玄将《太清丹经》《九鼎丹经》传给郑隐。葛洪坚信，如果能在郑隐的指导下学道求仙，自己的修为定能突飞猛进。葛洪想起自己一无所有，没有青梅竹马，也没有知心玩伴，连最珍视的藏书，也在一场大火之中化为灰烬，当真是心无牵挂了。

就这样，葛洪只身到了庐江的马迹山寻找郑隐并拜师。

"师傅，葛玄是我的从祖父，我想拜您为师。"

郑隐看了看这名少年，问了他一些基本的问题，葛洪对答如流，郑隐心里不禁暗暗欣喜，感觉找到了一棵好苗子。看着少年葛洪衣衫单薄，郑隐顿时心生怜悯，轻轻点头道："我看你读了不少书，心也诚，那便跟着我学习吧！"就这样，葛洪成了郑隐的学生，每日葛洪必亲事郑隐，洒扫庭院，勤勤恳恳，认认真真。郑隐看在眼里，更记在心里。在葛洪十七岁时，郑隐便将《太清丹经》《九鼎丹经》两部经传给了葛洪。

西晋太安二年（303），荆楚地区小吏张昌发动农民起义。吴兴太守顾祕组织军队抵抗。面对家国忧患，师傅郑隐望着痴迷炼丹的葛洪，好几次话到嘴边却欲言又止。一日，郑隐将葛洪叫到跟前说道："人在不同的年龄段，自然应该干点相应的事情。修道不是修超脱，而是要修功德。做人没有功德，成仙也没有香火。功德的道场，尽在滚滚红尘之中。"葛洪明白郑隐的意思，他收起丹炉，转身加入了吴兴太守顾祕的军队，任将兵都督。

葛洪自述："独洪军整齐毂（疑为毂）张，无所损伤，以救诸军之大崩，洪有力焉。后别战斩贼小帅，多获甲首，而献捷幕府。"葛洪和张昌部将石冰的农民起义军交战胜利后，被提拔为"伏波将军"。第二年，石冰事件平息，葛洪却不愿争功邀赏，他准备辞官前往洛阳搜寻炼丹制药之书。

西晋永兴二年（305），葛洪北上洛阳，前路受阻，局面恶化，葛洪既没有办法继续北上，又回不去，只得流落在徐、豫、荆、襄、江、广诸州之间。此时广州刺史王毅病逝，嵇含代理此职。嵇含是著名诗人嵇康的哥哥嵇喜的孙子，当年嵇含与葛洪曾一起讨论学问，可以说是旧友。嵇含便邀请葛洪去广州当参军，即军事参谋。恰好葛洪有意去南方避乱，便欣然前往了。不料第二年，嵇含尚未到任，又赶上老上司刘弘去世，被委托留领荆州，其间遭暗杀身亡。葛洪自觉处境危险，便退出仕途，回到家乡丹阳郡隐居，专心修道，开始了《抱朴子》的写作。

在丹阳隐居期间，葛洪结识了后来的南海太守鲍靓（即鲍太玄），两人都喜好炼丹术，刚结识便相谈甚欢。葛洪欲拜鲍太玄为师学习炼丹之术，鲍太玄欣然应允。此后两人便常常在一起切磋，鲍太玄对葛洪也是颇为赏识。

一日，葛洪与鲍太玄相谈甚欢之时，只见一妙龄少女背着装满各种草药的背篓满头大汗地进了家门。"鲍姑，你又给人家看病去了？"鲍太玄向那姑娘招呼道。"是啊，父亲！"鲍姑应道，"今天还看了不少病人，有些拿捏不准的,我正想向您请教呢。"

葛洪顺着鲍太玄的目光看去,只见这姑娘眉清目秀,大概是刚进门的缘故,鲍姑双颊泛红,娇喘微微,甚是动人。看着鲍氏父女俩的交谈,葛洪遂想到他孤身漂泊近十年,少年丧父,已经许久没有感受过家庭的温暖了。

自古医道不分家,同气相求更是难得。

就这样,鲍太玄将女儿鲍姑许配给了葛洪,葛洪也顺理成章继承了鲍太玄的医术,至此成就一段佳话。葛洪与鲍姑算得上是中国医学史上最有名的伉俪之一了。

鲍姑是中国有史以来第一位载入史册的女性针灸大夫,在临床针灸治疗方面具有突出的功绩。葛洪从小熟读儒家经典,又得道家传承。儒道合一,是葛洪一生的思想底色。

葛洪炼丹与读书之余,时常盯着远方的青山,冥冥之中感受到不明力量的牵引。他一步步走进清寂的山林,继续《抱朴子》的创作。

养家、炼丹、著书立说是需要大量钱财的,晋元帝司马睿即位时任命葛洪为朝廷属官,并赐关内侯。东晋咸和二年(327),葛洪听说交趾(今越南北部)这个地方出产丹砂,对于这个他非常感兴趣,为了方便一探究竟,于是他就请求出任勾漏(今广西北流东北)的县令。在去勾漏的路上,葛洪经过广州,见到了刺史邓岳。估计邓岳、葛洪二人在见面之前都不曾预料到这次见面对于葛洪的重大意义。

就是在这次见面中,邓岳告诉葛洪,罗浮山向来有神仙洞府之称，有炼丹的上好原料。葛洪听到这个消息高兴得不得了，当下决定，不去勾漏当县令了，就在罗浮山隐居。

数年之后，邓岳收到葛洪的书信，内容只有短短九个字："当远行寻师，克期便发。"老邓匆忙跑来道别，看见葛洪好像在打坐行气。他在门口整整守了一天，恍然间明白大师已经羽化而登仙。

相比修仙问道的峻秀山林，或许葛洪真的不喜欢乌烟瘴气的朝堂。

二十年深山修道，葛洪著作等身：《抱朴子》七十卷、《神仙传》十卷、《隐逸传》十卷、《军书檄移章表笺记》三十卷、《金匮药方》一百卷、《肘后备急方》四卷、《兵事方伎短杂奇要》三百一十卷等。①

在治病的时候，葛洪倡导使用简单、容易得到的方子，反对使用那些昂贵、难以得到的药物。他也喜欢从民间搜集草药和药方。不仅搜集，他还亲自校对药方并检验其药性。后来葛洪将他搜集、检验过的药方汇编，定名《玉函方》。之后他又将《玉函方》中可以用来急救的那些实用性很强的方子单独摘录出来，加上妻子鲍姑擅长的针灸治疗法，编撰了著名的《肘后备急方》，书名的意思是可以常常备在肘后（带在身边）的应急书。这是一本集大成的急救医方书籍，是中国第一部临床急救手册。其具体内容主要涉及内科杂症、外科急病、感染性热病、寄生虫血症，以及五官、妇、儿科等病。书中部分病例、医方、医技方面的记录，都是中国乃至全世界医学史上最早的。例如对于天花的记载：

比岁有病时行，仍发疮，头面及身，须臾周匝，

① 葛洪著，王明校释：《抱朴子内篇校释》附录二《葛洪撰述书目表》，中华书局，1985年。

状如火疮,皆戴白浆,随决随生。不即治,剧者多死。治得差后,疮瘢紫黑,弥岁方灭。此恶毒之气。世人云,永徽四年,此疮从西东流,遍于海中……以建武中于南阳击虏所得,仍呼为'虏疮'。

据考证,这是世界上关于天花的最早记载,并且对于天花发疹的顺序、形态、预后以及诊后表现都有描述。除此之外,《肘后备急方》对恙虫病、脚气病等的描述也都属于首创,特别是葛洪提出用狂犬脑组织治疗狂犬病,被认为是中医免疫思想的萌芽。

《葛仙翁肘后备急方》书影

《肘后备急方》里记载的导尿术、洗胃术、引流法、咽部异物剔除术、颞颌关节脱位的整复法、小夹板外固定疗法、灌肠法、口对口呼吸抢救法等，都是葛洪在创伤外科方面的首创，体现了我国古代医药学家的聪明才智。

三

相传四十岁那年，葛洪来到钱唐（今浙江杭州）。一日，葛洪与妻子鲍姑从栖霞山东行，一路古柏翠郁，清泉低吟。夫妻俩看到一岭，蜿蜒回环。往这个岭的北边看，但见朝吞旭日；再往这个岭的南边看，夜纳归蟾。天高云淡，站在岭顶俯瞰钱唐，美不胜收，风景奇特，颇有灵气。鲍姑对葛洪说："你看这里多好，我们在岭下结庐，便可隐居；在岭上放块石头，便可以静坐。别看这附近的游人熙熙攘攘，这岭上可闹中取静，真是个好地方呢！不如我们就在此地隐居吧。"葛洪自己也觉得这里真是块宝地。他发现此地山上有一种石头，呈红色，特别漂亮，尤其在日光的照耀下，就会发出一种类似玛瑙的光泽。这一发现让他兴奋不已。他有一种直觉，觉得这里一定是采药炼丹、修身养性的绝佳之处，于是出重金购地、筑屋，安炉设鼎，苦心炼丹。葛洪在这里居住期间，经常为老百姓采药、看病。他既烧丹朱，炼铅粉，造库酒，又开砌山岭坦途，以便行人往来，为杭州老百姓做了好多好事。后来，人们将他所居过的山岭称为"葛岭"，在他的结庐处建观奉祀。因为葛洪自号"抱朴子"，所以将观命名为抱朴道院。

"抱朴"为道教教义，有抱守本真，不为物欲所诱惑，不为世事所困扰之意，即所谓"人行道归朴，与道合"。

抱朴道院的正殿是葛仙殿，歇山式的木构建筑。殿内供奉着葛洪祖师像,两旁则是纯阳祖师与朱大天君像。东侧是红梅阁、抱朴庐与半闲堂,也都是重檐歇山式木结构的阁建筑,精巧别致。院内有清泉一眼,唤作"双线泉"。泉水甘甜可口,据说常饮能延年益寿。

《西湖游览志》里是这样描述的:"淳祐间,理宗以赐贾似道,改名后乐园。楼阁林泉,幽畅咸极。古木寿藤,多南渡以前所植者。积翠回抱,仰不见日。架廊叠磴,幽渺逶迤。隧地通道,抗以石梁,傍透湖滨。飞楼层台,凉亭燠馆,华邃精妙。前挹孤山,后据葛岭。两桥映带,一水横穿。各随地势,以构筑焉。"

相传葛洪还在杭州的灵隐、龙井、凤凰山等十几处地方炼过丹,但抱朴道院是他在杭州最重要的遗迹。

葛岭仙迹(出自《西湖佳话古今遗迹》)

钱塘东风万人裹，沈家还见奇男儿

一

四月的一天，少年沈括坐在钱塘（今浙江杭州）家里读书。四月是春天最后的阶段，江南的四月天更是让人陶醉，桃红柳绿，花香阵阵。宋代蔡襄写的七言律诗《四月清明西湖》就描写了当时杭州四月的情形：

千顷平湖绿一遭，空城游乐自奢豪。
画船争胜飞江鹢，翠巘都浮载海鳌。
芳草堤边裙带短，柔桑陌上髻鬟高。
楼前尽日闻歌笑，不管秋风卷怒涛。

这一天，沈括正在阅读唐代大诗人白居易的《大林寺桃花》，诗中云："人间四月芳菲尽，山寺桃花始盛开。长恨春归无觅处，不知转入此中来。"

"人间四月芳菲尽，山寺桃花始盛开。"少年沈括反反复复地念着这两句诗，念着念着就陷入了沉思。他合上书信步走向自家庭院，庭院里梨花、李花、桃花、茶花、樱花开得明媚而盛大，一阵风过，片片花瓣随风飘落，沈括俯身拾起掉落的花瓣暗自思忖，同是四月天，自家庭院里的花分明开得灿烂，为何白乐天却说山中的桃花刚刚开始绽放呢？难道是这位唐代的大诗人说错了？沈括摆弄着手中的花瓣，皱起了眉头。

"括儿，怎么了？"母亲许氏不知何时悄悄来到了他身旁，轻声问道。

"这白乐天写得不对！"少年沈括气鼓鼓地说道，"母亲您看，咱们自家庭院里种植的梨花、李花、桃花、茶花、樱花都已绽放好久，眼看要开败了，山上的桃花又怎么可能现在才刚刚开花呢？这白乐天定是信口开河！"许氏听罢也不多说，伸手抚摸着沈括的头微微笑说："我的傻孩子，纸上得来终觉浅，绝知此事要躬行。今儿天气这样好，就别看书了，约上小伙伴去山里玩玩吧！"

许氏也不是一般的家庭妇女，曾巩在《寿昌县太君许氏墓志铭》中对沈括的母亲许氏是这样描述的："夫人读书知大意，其兄所为文，辄能成诵。"她出身于苏州吴县的官宦家庭，祖父许延寿官至刑部尚书，父亲许仲容曾任太子洗马，出身显贵，是个有文化教养的大家闺秀。她有一位著名的兄长——许洞。许洞是北宋年间知名的战略理论家，研究古代军事理论，也善于武术，著有《虎钤经》一书。许氏是许洞的幼妹。由于父亲公务繁忙，沈括的读书写字以及日常生活基本上都得益于母亲许氏的操持。

沈括眨了眨眼睛，心想：可不是嘛，桃花到底开没开，我去山里看个究竟，不就知道白乐天到底骗没骗人啦！

沈括约了三五小伙伴一起上山。四月的山间还是有微微凉意的，山涧清流，草木苍翠，沈括倍觉心旷神怡。他们翻过一座小山坡，微风拂面，带来浅浅的花香，顺着香气一路探寻。哇，山坡上十余株桃花欣欣然开得娇艳欲滴。快走几步凑近了看，枝干上开了些羞怯的花，更多的是一些花骨朵儿，含苞待放，煞是喜人。正赏花，突然一阵风来，居然还有些凉意，沈括和小伙伴们不禁缩了缩脖子，紧了紧衣衫。四月山顶的天气，乍暖还寒，春寒料峭。此时之景使沈括豁然开朗，原来山顶温度比山下低许多啊，桃花虽然开了，却还是娇娇嫩嫩的，果然是"始盛开"呢。

这件事情之后，沈括对"实证"这个词有了更深的理解。实证与深思，是作为科学家的沈括一生离不开的两个词。就拿搜集医方这件事情来说，只要是他搜集的，必定辨明真假，亲自求证，同时对疗效进行考察，所谓"必目睹其验，始著于篇"[1]。林灵素在《苏沈内翰良方序》中这样评价沈括："公凡所至之处，莫不询究，或医师，或里巷，或小人，以至士大夫之家，山林隐者，无不求访及。一药一术，皆至诚恳切而得之……"

二

沈括从小就是个爱学习、爱看书的孩子，十四岁之前，他就将家中所有的藏书都读完了。由于父亲常年在外做官，他也因此有了同父亲一起外出的机会，他们一起去过简州、润州、泉州、汴京等地方，这些经历让少年沈括很早就与外界接触，同时也开阔了眼界，增长了见识。北宋皇祐二年（1050），他暂居苏州，住在舅舅许洞家中。许洞学识渊博，藏书颇多，沈括在那段时间读了很多的书。

北宋皇祐三年（1051），二十一岁的沈括开启了一段和杭州较长的亲密接触。这一年，沈括七十四岁高龄的父亲沈周因年老又常年操劳公事，不幸卒于太常少卿分司南京的任上。沈括与胞兄沈披处理完丧事后，便依

[1] 沈括:《良方序》，载吕祖谦《宋文鉴》卷十九《序》，中华书局，1992年。

父亲遗言将父亲扶柩归葬故乡浙江杭州龙居里的祖地上，按照丁忧之制，沈括需守丧三年。沈括家族在医药方面都颇有建树，素来有搜集药方的传统，家产中的药学典籍就有《博济方》。守丧的三年间，沈括与家族中人的关系密切了许多，对医药的兴趣也日渐浓厚。

沈括的叔祖在吴越政权时期，就曾经搜集药方"顺元散"，并将其卖给别人家。此药疗效显著，民间称此方为"沈氏五积散"。除此之外，沈括的家传药方还有"白龙丸""通关散"等。

《苏沈良方》卷三载："顺元散……右余叔祖得此方于民家，故吴中人至今谓之沈氏五积散。"

沈括出生于北宋天圣九年（1031），那时父亲沈周已经五十四岁了，母亲许氏也已四十六岁。在沈括之前，沈周与许氏已生有一男二女。可能是因为生沈括时父母

沈括像

的年纪比较大，沈括小时候的身体不太好，加上自幼勤奋好学，慢慢就有了"心热血凝，心胆虚弱，喜惊多涎，眠中惊魇"的症状，常常半夜惊醒，之后难以入眠。母亲许氏为此很是揪心，到处为沈括找大夫诊疗。她到处寻医问药，托了许多人，终于在庆历年间，找到了一名从池州来的名医郑感。

郑感见沈括并与之交谈了几句，便感到沈括痰涎壅盛，阻塞气道，喉中痰鸣辘辘有声，而且气味粗大。

郑感就问沈括："你是哪里感到最为不适呢？"

沈括答道："痰多，睡不好，母亲说我晚上还说梦话，说胡话，而且我身上也是燥热得很。"

郑感点头道："我为你号个脉，舌头伸出来我看看舌苔。"

沈括伸出舌头，郑感一看，发现沈括舌绛苔黄垢腻，手上的脉象也颇滑。

郑感又点头道："你这是痰热内闭之象。邪热固宜清解，然痰盛则神昏较重，尤当豁痰化浊开窍，故治之以化浊开窍、清热降毒之法。"郑感于是接过许氏递来的笔墨，写下一张处方：

> 生乌犀、生玳瑁、琥珀、朱砂、雄黄各一两；牛黄、龙脑、麝香各一分；安息香一两半，酒浸，重汤煮令化，滤去滓，约取一两净；金箔五十片。右丸如皂子大，人参汤下一丸，小儿量减。

许氏接过："敢问大夫，这服药可有名称？"

郑感答曰:"至宝丹。"

沈括服用至宝丹一段时间后,睡眠好了很多,常常是一觉到天明,痰多、燥热的现象也有所缓解。从治病中体会到医方的实用,又加上家风的熏陶,沈括对中医药产生了兴趣,在攻读经史之余开始研习医药,搜集药方。

父亲沈周任江东路转运使的时候,沈括也随父去到了江宁。在江宁他遇到了一个叫作王琪的医生。王琪向他传授了一种名叫"神保丸"的医方。王琪说:"诸气惟膀胱气、胁下痛最难治,独此丸辄能去之。"沈括默默将此药方记下,后收录到《灵苑方》中。

北宋熙宁年间(1068—1077),沈括屡感头痛、颈筋痛,看了好多医生都说是外感风邪而引起的风病,用了好多药都没有治好,疼痛持续了好几个月,后来背脊也开始疼痛,疼了一段时间右边胁下开始出现痉挛一般的疼痛,沈括感到真是痛苦极了。

一日沈括正在看书,胁下疼痛来袭,沈括不由发出哝的一声。书童见状赶忙过来问:"少爷,又疼了?不如择个吉日,我们去庙里烧个香,求神保佑您快点痊愈吧?"

"求神保佑?"沈括若有所思地喃喃道,"神保——"他忽然跳了起来,大声对书童道:"把我的《灵苑方》拿来,我可能知道如何祛除我这该死的疼痛了。"沈括从《灵苑方》中找到神保丸的方子并按照配方制成药服下,"一投而瘥。后尝再发,又一投而瘥"。可谓药到病除,屡试不爽。

北宋元祐二年（1087），两浙一带疟疾暴发。常州李使君一家患病，彼此传染，请了好多医生也不见好，一时间无人敢医治，大夫们全部束手无策。

疟疾在我国古代是最主要的传染病之一。前朝大诗人们的记录中可见一斑。

《寄薛三郎中璩》是诗圣杜甫的一首诗，在诗中他说自己"峡中一卧病，疟疠终冬春"。在他的另一首诗《寄彭州高三十五使君适虢州岑二十七长史参三十韵》中也形象地描写了当时患病的情景："三年犹疟疾，一鬼不销亡。隔日搜脂髓，增寒抱雪霜。"

至于疟疾忽冷忽热的症状，则在诗作《病后遇王倚饮赠歌》中有所描述："疟疠三秋孰可忍，寒热百日相交战。头白眼暗坐有胝，肉黄皮皱命如线。"

除杜甫外，诗人元稹、韩愈、温庭筠也都在自己的诗作中提及过罹患疟疾的事。

这一天，李使君家来了一位客人，说是有一个家传秘方可以治愈疟疾。李使君此时已经被疟疾折磨得形销骨立，极度虚弱。他想着已然这样，那就试试看吧。他要来药方，差遣家中仆人去抓药回来给全家人服用，没想到只服用了一剂，那刀绞般的腹痛竟然奇迹般地消失了。

那一年，沈括已经五十七岁了，听闻此事，他在李使君病愈后特意登门拜访，详细询问了李使君患病、治愈的整个过程。对那个治好了疟疾的家传秘方，沈括问得尤为详尽。后来沈括将药方收入他的著作，并命名此药为"七枣散"：

川乌头大者一个，炮良久。移一处再炮，凡七处炮满。去皮脐，为细末，都作一服。用大枣七个，生姜十片，葱白七寸，水一碗，同煎至一盏。疾发前，先食枣，次温服，只一服瘥。

沈括十八岁开始就经常在晚上读书，并书写小字，久而久之用眼过度，患上了眼疾，长期疼痛。过了几年，有人给了他一个叫作"乌头煎丸"的方子用于治疗。那时候因为沈括埋头苦读，也无暇顾及这个方子，就将它置于一边。但日子一久，他的眼疾发作得愈来愈频繁。沈括痛苦极了。

一日，沈括的表兄许复来访。深受眼疾困扰的沈括想起来他这个兄长以前似乎也有眼疾，便关切地询问。不料许复开心地说："你不知道吗？我的眼疾已经痊愈了啊！"沈括大为惊讶，问道："你是用了什么灵丹妙药治好眼疾的？赶紧与我分享。你晓得的，眼睛不好，实在是太折磨人了，真是影响我看书写字啊！"

许复说，就是吃了"乌头煎丸"哪！

沈括这才恍然大悟，找出前几年记下的"乌头煎丸"的方子服用了起来。一剂都没有服用完，眼疾就被治愈了。沈括开心极了。

《苏沈良方》里也有记载："予少感目疾，逾年，人有以此方见遗，未暇为之。有中表兄许复，尝苦目昏，后已都瘥，问其所以瘥之由，云服此药。遂合服，未尽一剂而瘥，自是与人莫不验。"

同是眼疾，沈括患过的可不止一种。

北宋治平二年（1065），沈括奉旨巡视河北西路地区，曾沿着太行山向北行进。他看到悬崖峭壁间常常悬有螺蚌壳状或鸟卵状的石块，石壁横亘如带状。沈括觉得很是疑惑，因为太行地区距离大海非常远，是不应该有这类现象发生的。于是他通过详细考察，并且严谨地推论，终于得出结论，认为这个地方在很久之前是沿海地区，靠着大海。后来海水携带的泥土日益堆积，才形成了现在看到的陆地。此所谓"其泥岁东流，皆为大陆之土，此理必然"。这件事情其实是有着巨大的意义的，这是中国历史上第一个对华北平原的形成给出的科学解释，这个解释来自沈括。也是这个时候，大概是积劳成疾吧，沈括患上了"红眼病"。在"黑睛傍黯赤成疮，昼夜痛楚，百疗不瘥"。当时，有个郎中官叫邱革，他看到沈括红眼如此便问："你眼睛这样血红，耳朵里痒不痒？"

沈括肯定地回答道："耳痒！"

邱革点点头："耳中痒，即是肾家风。有四生散疗肾风，每作二三服即瘥。间里号为'圣散子'，予传其方，合服之。"

沈括遵医嘱，午时一服，临睡前一服。不料两服药下去，眼睛反而更痛了。一天夜里，大约二更光景（即现在晚上九点至十一点的样子），一阵困意向沈括袭来。因为困意盖过了痛感，沈括于是昏沉入睡。第二天早上醒来，睁眼时沈括觉得眼皮似乎没有前几日那样沉重了，由于眼疾带来的眼垢似乎也少了很多。沈括起身去铜镜处一照，发现眼睛没有之前那样红了，也没有之前那样痛了。沈括很是开心，又吃了三四服药，渐渐地，眼疾痊愈了。后来沈括有其他眼病的时候，也尝试用这个方子治疗，效果也是极为明显。与前几次一样，这个方子同样也被沈括收入了他的书中。

对于被病痛折磨的痛苦，沈括感同身受。而那些年看到的因为缺医少药没有得到及时救治最后丢了性命的百姓，那种苦难的生活境遇，也深深触动了沈括。正因如此，从年少时起，沈括就养成了搜集民间治病药方的习惯。而这一搜集，就搜集了一生。

三

北宋治平四年（1067）正月，宋神宗继位，立志改革。

北宋熙宁元年（1068）四月，宋神宗召王安石入京。变法立制，富国强兵，期望能够改善这个国家积贫积弱的状况。

王安石变法的积极参与者之中，便有沈括。

王安石与沈括，说起来也算是旧相识了。当年沈括参加礼部省试时，王安石是他的考官。两人应该算是有过师生之谊的。身为大臣的王安石见沈括积极参与变法，心中颇喜——对于沈括，他是了解并且赏识的。

北宋熙宁四年（1071），沈括为母亲许氏守丧期满，王安石推荐他出任检正中书刑房公事。这个职位是变法中为了提高和加强宰相权威，使改革更顺畅、政令更畅通而新设立的，专门负责记录官员的功劳，考核群吏的过失。品位倒是不算高，只是个正七品，但权力确实非常大。推荐沈括出任这个职位，无疑表明了王安石甚至是宋神宗对沈括的信赖。精明如沈括，当然也不能辜负了宋神宗和王安石的美意，他全心全意地投入到变法的各项工作中。

与如鱼得水的沈括形成鲜明对比的，是饱受新旧两党猛烈攻击的苏轼。北宋熙宁五年（1072），苏轼要求出京，回到杭州任职。

北宋熙宁六年（1073），在王安石的举荐下，沈括被委任为钦差大臣，负责考察浙东、浙西的农田水利工程。这一日，苏沈二人相见了。

沈括和苏轼曾经同在崇文院工作，说起来也算是旧相识了。杭州一见，两人相约把酒言欢，谈论旧情。虽然政见有所不同，但相谈还算愉快，席间谈笑风生。苏轼、沈括把酒言欢，自然少不了诗词歌赋。那次沈括还抄录了不少苏轼的最新作品。当时沉浸在诗词歌赋里的苏轼不会想到，就是这一次的相聚，给他今后的日子埋下了祸根，为他带来了几乎灭顶的无妄之灾——这就是北宋元丰二年（1079）发生的"乌台诗案"。"乌台诗案"直接导致苏轼被贬黄州，连他的三十多个亲友也因此受到牵连。

王安石于北宋熙宁九年（1076）第二次被罢相，沈括也于一年后被诬劾贬官，出知宣州。

转眼到了北宋元丰八年（1085），此时王安石罢相已经很久了，变法也最终失败。这一年的冬天沈括与王安石再次相见，一时间无语凝噎。当时王安石还生病了，沈括想了想，无以为赠，便给了他一张药方。

北宋元祐六年（1091）五月，苏轼写了《杭州召还乞郡状》。在这篇文章里苏轼很明确地说出了当年他被迫害的原因：不过是反对王安石的新法并在皇帝面前直言其为人处世不当。

《杭州召还乞郡状》中写道："安石大怒，其党无不切齿,争欲倾臣。"当时的情形,要不是宋神宗明里暗里护着,苏轼大概都没有机会等到"乌台诗案"。但就是皇帝不时"左右称道",又让新党惧怕苏轼被重新起用,因而导致"李定、何正臣、舒亶三人,构造飞语,酝酿百端,必欲致臣于死。先帝初亦不听,而此三人执奏不已,故臣得罪下狱"。

"乌台诗案"终究还是发生了,只是后来苏轼"复盘"时根本没有提到沈括的名字。古今文章中的"告密者"沈括的形象,几乎只有一个源头,那就是王铚所书的《元祐补录》。

倒是后人有心,把沈括的《良方》与苏轼的《苏学士方》合刻成一书,取名为《苏沈良方》。

《良方》是沈括唯一传世的医学著作。虽然在写作《良方》之前,沈括已编写过《灵苑方》,内容在后来的医著中都有记录,只可惜《灵苑方》现在已经失传。《良方》原来有十卷,因把苏轼有关医学的一些论著收录进去,就变成了十五卷。

清乾隆年间,武宁(今属江西)名儒张望在他编著的《古今医诗》中,以诗歌的表现形式赞美《苏沈良方》:

> 葛山蔡氏孙吞钉,苏沈良方遇喜惊。
> 剥新炭皮末粥食,炭屑裹钉出到圊。
> 苏沈二公好医药,宋人集论二书朋。
> 《永乐大典》收全集,而近书坊不见行。

苏沈二人生前是是非非众说纷纭,去世之后,他们的医学著作却被人编在一起,用于治病救人,从此再也

钱塘东风万人裹，沈家还见奇男儿

> 蘇沈良方卷一
>
> 宋 蘇軾 沈括 著
>
> 鍊丹砂法 王倪丹砂無所不主尤補生益精血愈痰疾壯筋骨久服不死王倪者丞相遵十二代孫文明九年為滄州無棣令有桑門善相人知其死期無不驗見倪曰公死明年正月乙卯倪以為妄囚之復令驗邑人其言死者數輩皆信倪乃出桑門禮謝之曰為死討忽有人不言姓名謂倪曰知公憂死我有藥可以不死公能從我授乎倪再拜稱幸乃出鍊丹砂法授之倪餌之

《苏沈良方》书影

不能分开。只道是，造化弄人。

前生我已到杭州，到处长如到旧游

一

北宋元丰二年（1079），苏轼四十三岁。彼时他刚刚调任湖州知州。这一天他向朝廷递上《湖州谢上表》。《湖州谢上表》原本是苏轼上的一道谢表，却被御史中丞李定"闻"出了其他味道。

李定何人？

他是王安石的学生，熙宁变法的时候，他力挺王安石，因而得到了迅速升迁，一时间官运亨通。李定这个人不太孝顺，曾经因为不守母丧，被世人称作"不孝子"。苏轼与李定原本也是无冤无仇的，只因苏轼写了一首歌颂北宋大孝子朱寿昌的诗《朱寿昌郎中，少不知母所在，刺血写经，求之五十年，去岁得之蜀中，以诗贺之》。这首诗是苏轼写来歌颂朱寿昌孝行的，却被李定读到，大概是因为心虚，李定居然生出了"苏轼是在讽刺我"的奇怪想法，就这样默默地和苏轼结下了梁子。

苏轼在《杭州召还乞郡状》中写道："李定、何正臣、舒亶三人，构造飞语，酝酿百端，必欲致臣于死。先帝初亦不听，而此三人执奏不已，故臣得罪下狱。"

李定、何正臣、舒亶三人把苏轼历年来所写的诗文翻来覆去地看，妄图找出些"证据"来。找来找去还真的牵强附会地找到了不少。这事情折腾了很久，一直折腾到宋神宗连连感慨"诗人之词，安可如此论"。这就是史上臭名昭著的"乌台诗案"。

这事儿直接导致苏轼被贬黄州（今湖北黄冈）。黄州地处偏僻，苏轼很不习惯这里的气候，加上被贬到此，心情自然是不舒畅的。他曾这样说黄州的天气："黄州僻陋多雨，气象昏昏也。"

那时候苏轼住在黄州东南方的定惠院，院子里有一株海棠，苏轼曾经写诗道：

江城地瘴蕃草木，只有名花苦幽独。
……
雨中有泪亦悽怆，月下无人更清淑。
先生食饱无一事，散步逍遥自扪腹。
不问人家与僧舍，拄杖敲门看修竹。

为了消解当时郁闷的心情，苏轼除了赏花，也常去黄州城外赤壁山散心游玩。在赤壁他寄情诗词，陆续写出了《赤壁赋》《后赤壁赋》和《念奴娇·赤壁怀古》等名篇。除此外他还种田，开发了一片地处城东的坡地，"东坡居士"的别号也是在这时起的。

苏轼有一位好朋友名叫巢谷，是眉州同乡。巢谷此人年轻时中过进士，但他却淡泊名利，反而有一副侠义心肠。苏轼的弟弟苏辙曾写过一篇《巢谷传》，其中有一节专门叙述了巢谷与苏轼、苏辙两兄弟的友谊。当苏轼风风光光做官的时候,巢谷并不来打扰,反而苏轼落魄被贬黄州的时候,巢谷出现了。他帮助苏轼修建房屋,耕地种菜,还做起了苏迨、苏过的老师,教他们念书。黄州的日子不太好过,但是有老友相伴,夜晚灯下畅谈眉州往事,也是美好的。在黄州住了一年之后,巢谷打算返回四川。临行前巢谷来到苏轼的书房,苏轼看到巢谷连忙放下正在看的书,问道:"巢谷,所来何事?"

巢谷答:"子瞻兄,我要返回四川了。"

"这么突然?何不再多住一段时间?"苏轼挽留道。被贬黄州期间亲朋好友害怕受到牵连,纷纷避而远之,唯有巢谷相陪,东坡略有不舍。

"不了。这一年承蒙兄台不嫌弃,多有打扰。该是时候回四川啦。"

苏轼见巢谷去意已定,便不再挽留。两人沉默片刻,巢谷又一次开口:"子瞻兄,我有一秘方'圣散子',主治瘟疫。我想传授于你!"

苏轼大惊:"这……"

巢谷继续说道:"'圣散子'一方,是我多年秘藏,儿子都没有传。子瞻兄,今赠予你,你要发誓不传外人!"

东坡低头不语,半晌说道:"走,去江边!"

面对穿城而过的长江,惊涛拍岸,苏东坡指江发誓:"'圣散子'绝不传予别人。"

第二年开春,黄州瘟疫流行。

面对满目疮痍，苏轼想起"圣散子"一方。为了治病救人，苏轼也顾不上当年与巢谷的约定，拿出此方交给了蕲水名医庞安常。既然当年苏轼指江发誓，不传"圣散子"给旁人，为何会给庞安常呢？这里还有一则小故事。故事要从苏轼的《定风波》说起。

三月七日，沙湖道中遇雨。雨具先去，同行皆狼狈，余独不觉。已而遂晴，故作此。

莫听穿林打叶声，何妨吟啸且徐行。竹杖芒鞋轻胜马，谁怕？一蓑烟雨任平生。　料峭春风吹酒醒，微冷，山头斜照却相迎。回首向来萧洒处，归去，也无风雨也无晴。

北宋元丰五年（1082）三月七日，苏轼外出返回黄州途中遇到了一场大雨，身边并无雨具，四下也没有避雨的地方。难道就一路淋着雨回去吗？苏东坡确实是这样做的，他在雨中闲庭信步，不疾不徐。不一会儿雨过天晴，拨云见日。苏东坡写下了这首《定风波》。虽然在诗中苏东坡很是潇洒，处变不惊，但是回到黄州后，因为淋雨，他左臂肿痛，不要说动弹，甚至连饭碗都无法端起。

他有一个好朋友叫作潘丙，就介绍了蕲水当地名医庞安常为东坡医治。庞安常的医术非常高明，针对苏轼左臂肿痛，用了银针，一针而愈。苏轼感激不尽，从此两人成了好朋友。对于庞安常的医术和医德，苏轼非常钦佩，他是这样称赞庞安常的："余以手为口，君以眼为耳，皆一时异人也。"

庞医生以"圣散子"治瘟疫，有奇效。后来庞安常编著了《伤寒总病论》，将其方收入书中，苏轼为其作序。

再后来庞安常去世，当地百姓为了纪念他，还特意在药王庙内为其和苏轼塑像。两人相向而坐，栩栩如生。

巢谷是如何得到"圣散子"方的，苏轼没有在任何地方有所记述。配方和用法倒是在《苏沈良方》里有所记载：

> 草豆蔻（去皮，炮制）、木猪苓（去皮）、石菖蒲、高良姜、独活（去芦头）、附子（炮制，去皮脐）、麻黄（去根）、厚朴（去皮，姜汁炒）、藁本（去瓤，土炒）、芍药、枳壳（去瓤，麸炒）、柴胡、泽泻、白术、细辛、防风（去芦头）、藿香、半夏（姜汁制）、茯苓（各半两）、甘草（炙一两）；右锉碎如麻豆大。每服五钱，清水一钟半，煮取八分，去滓热服；余滓两服合为一服，重煎，空心服下。

与苏轼同时被贬的弟弟苏辙当时任监筠州（今江西高安）的盐酒税，北宋元丰三年至七年（1080—1084），筠州大疫。苏轼将"圣散子"方交给苏辙，苏辙用此方救活了一大批百姓。

二

宋代是中国历史上疫病频发的时期，在两宋三百余年中，一共发生了四十二次大规模的瘟疫，其中发生于两都开封和杭州的就有二十多次，占了几近一半。《宋史》中记载较大的瘟疫有：

> 淳化五年（994）六月，京师疫，遣太医和药救之。

> 建炎元年（1127）三月，金人围汴京，城中疫死者几半。

绍兴元年（1131）六月，浙西大疫，平江府以北，流尸无算。秋冬，绍兴府连年大疫，官募人能服粥药之劳者，活及百人者度为僧。

（绍兴）二十六年（1156）夏，行都又疫，高宗出柴胡制药，活者甚众。

隆兴二年（1164）冬，淮甸流民二三十万避乱江南，结草舍遍山谷，暴露冻馁，疫死者半，仅有还者亦死。是岁，浙之饥民疫者尤众。

嘉定元年（1208）夏，淮甸大疫，官募掩骼及二百人者度为僧。

这六条记载，都是影响广泛的大疫，前两条发生在北宋，后四条发生在南宋。瘟疫的一次次暴发，造成大量的人口死亡、大规模的人员迁徙以及流动，甚至造成社会动乱，对社会结构、人口数量乃至经济都产生巨大负面影响。

北宋元祐四年（1089），苏东坡辞去了翰林院学士职务，以龙图阁学士赴杭州担任知州，并兼任浙西军区钤辖。这一年他五十四岁。

苏轼对杭州并不陌生。三十六岁时，他曾到杭州任通判约三年。

苏轼疏浚西湖，修建苏堤。曾写下"前生我已到杭州，到处长如到旧游"的诗篇。

他是如此热爱杭州啊！

当时的杭城地处钱塘江口,有人口三十七万余,是江南一大都市。

苏轼刚到任便遇到了严重的天灾,先涝后旱,粮食歉收,米价飞涨。无辜的西湖也承受着人间的风风雨雨。大灾之后必有大疫。据《宋史》载:"既至杭,大旱,饥疫并作。"

这场大瘟疫来势汹汹,恐怖至极。面对突如其来的灾难,医生们也是一筹莫展。一时间,杭州城街头巷尾到处是一片病吟声,尸横荒郊,极其惨烈。贫苦百姓找不到地方看病,像没头苍蝇一样到处求医问药。在这样的情况下,杭州城里居然有无良的商家故意囤积药品,哄抬药价,企图大发瘟疫财。家住巾子巷的财主金百万就是这些无良商家中的一个。面对汹涌而来的瘟疫还有黑心药店,苏东坡忧心忡忡。他担心的是,因为杭州是"水陆之会",一旦瘟疫蔓延,病死率会非常高。

白天苏轼积极抗疫,夜深人静时,烛火闪烁,苏轼铺开纸、提起笔,积极上奏朝廷汇报疫情。苏轼有太多的话要讲,有太多的想法要表达,只见他落笔如流,洋洋洒洒。为了防止疫情之下米价上涨,他向朝廷请示免除三分之一上供的米。他还想出了卖度牒筹钱换米救灾民的好办法。

在北宋,度牒也是一种稀缺物资。僧人出家必须持有度牒作为凭据,否则视为非法。更重要的是持有度牒的僧人可以免除各种税收和徭役。僧人的档案资料一般由祠部来管理,度牒也由他们来发放。许多豪强富贵人家经常需要购买度牒,以保护自己的财产和规避各种劳役。元祐年间,一张度牒的价格基本就达到了三百贯钱的水平。苏轼就把杭州的富贵人家全部都找来,把度牒卖给他们，很快就筹到了三万贯钱。他把这三万贯钱换成了米，有效解决了饥民困顿的现状。

至于治病的良药，苏东坡首先想到了"圣散子"。

为了节约时间，苏轼派人把"圣散子"的药方抄了上百份，满城张贴，为的就是方便老百姓随时看到，随时抓药，随时服用。"圣散子"不算贵，每帖药仅需约一文钱。可是那么便宜的方子很多老百姓还是买不起。为了解决这个问题，苏轼便请了杭州宝石山楞严院的僧侣用大锅熬制"圣散子"。然后在杭州城街头分设施药点，免费布施百姓，以喝药防疫。

"圣散子"对于瘟疫的治疗非常有效，轻症患者喝下一大碗立马见效，重症患者按时按量连服几剂，也有所缓解。关于此方的功效、价钱及疗效，苏轼在其《圣散子序》和《圣散子后序》里面有详细叙述：

> 而用圣散子者，一切不问，凡阴阳二毒，男女相易，状至危急者，连饮数剂，即汗出气通，饮食稍进，神宇完复，更不用诸药连服取差。其余轻者，心额微汗，正尔无恙。药性微热，而阳毒发狂之类服之，即觉清凉，此殆不可以常理诘也。
> ……
> 主疾，功效非一。去年春，杭之民病，得此药，全活者不可胜数。所用皆中下品药，略计每千钱即得千服，所济已及千人。

三

而当时的杭州城没有一家公立医院。

有一日苏轼的侍妾王朝云同苏轼讲："瘟疫蔓延得好快，工地里、城里先后有人染上。病人散在各处，传染的风险怕是会更大。"

苏轼觉得有理，颔首道："那你有何良策？"

王朝云一言道出："将病人集中在一地，统一医治、统一护理。"

"好！"苏轼大声说道，"这一来，可以大大减少传染的风险，治疗也更方便了。确实是个上上之策啊！可是，这一时三刻的，哪里去找这地方？州府也不合适啊。"

王朝云道："我想过了，把我在众安桥的家作为据点，再把附近一片租下来，或者干脆买下来。"

经过慎重考虑，苏轼觉得此法可行，这样或许情况就能好很多，也便于掌控。按照计划，将王朝云在众安桥的家作为据点，将附近的一个官家院落改造为药坊。在经费方面，苏轼拨出官府库存的纹银两千两，并将自己多年的积蓄五十两黄金全部捐出，并号召杭州城里的有钱人捐款，王朝云也把自己的首饰捐了出来。药坊很快就建好了，苏轼将药坊取名"安乐坊"，还成立了"基金"作为药坊长期运营的费用。一切就绪，苏轼又专门聘请了杭城精通医术的僧人对患者进行集中护理和照料。穷人、老人和身体有残疾的人都可以在这里免费治病。

这便是我国历史上最早的公立医院。

安乐坊聘请的都是当时最有名气的中医，他们的工资全部由官府支付。而且苏轼还立了一条规矩：只赠药，

《清明上河图》中的古代医馆"赵太丞家"

不开方；只赠穷人，不赠富豪。有钱人用药，每用一服，须捐助安乐坊纹银百两。如此这般，苏轼用捐赠来的钱财，又在杭城开设了一些分坊以方便老百姓就近看病，其中一家就在之前开黑心药店的财主金百万家所在的巾子巷。据说后来老百姓就将"巾子巷"改名为"惠民巷"，用以纪念苏轼开药坊惠民的事迹。改地名或许只是传说，却也是群众对太守苏东坡为民造福的一种纪念。而安乐坊成为当时全国最大的医疗机构倒是事实。

如果说"圣散子"是展示了苏轼的义举，那么创建安乐坊则展现了其系统防疫的思想，苏轼让古代传统的私家问诊转变成了官办集中诊治，是治理上的大胆探索和独特创造。

苏轼离任后，北宋崇宁二年（1103），安乐坊改名为"安济坊"，继续收治病人，改由民间经营。

《宋会要辑稿》载："（崇宁二年）五月二十六日，两浙转运司言：苏轼知杭州日，城中有病坊一所，名安乐，以僧主之，三年医愈千人，与紫衣。乞自今管勾病坊僧，三年满所医之数，赐紫衣及祀部牒各一道。从之，仍改为安济坊。"

南宋周煇在《清波别志》中也较为详细地记述了病坊的名称、规模、运作模式以及地理方位：

> 苏文忠公知杭州，以私帑金五十两助官缗，于城中置病坊一所，名安乐，以僧主之。三年医愈千人，与紫衣。后两浙漕臣申请，乞自今管干病坊僧，三年满所医之数，赐紫衣及祠部牒一道。从之，仍改为安济坊。

苏轼众筹建医院的做法，对后世社会救助和医疗活动产生了巨大的影响。

古人医在心，心正药自真

一

北宋治平四年（1067）正月，宋英宗驾崩，太子赵顼继位。

赵顼是大宋的第六代天子。很久之后，由于他给许多文臣留下了喜功尚武的印象，驾崩后臣子们为他选下了"神宗"的庙号。"神宗"虽然有着英明神武的含义，但是按照那时的价值观，相比仁宗，依旧是逊色的。

北宋熙宁元年（1068），宋神宗正式改元为熙宁。后来的事实证明，这位神宗的风格的确与前几代君王是不同的。刚刚继位，宋神宗就想与著名的翰林学士司马光聊聊，没想到司马光跟他谈论的是修心之要；后来宋神宗又找来了大臣富弼，没想到这位老臣说："陛下临御未久，当布德行惠，愿二十年口不言兵。"（《宋史·富弼传》）宋神宗血气方刚，却有点出师不利，他明显有点失望了。于是他目光一转，转到了那些寻求改革的普通官员身上。

王安石就是其中一位。

北宋熙宁元年（1068）四月，满腔抱负的王安石来到了京师汴梁。年轻的皇帝向他问及对唐太宗的看法，王安石则直言不讳，认为尧舜的境界更高。

第二年，王安石出任参知政事，又过了一年，便晋升为宰相。宋神宗和王安石，一个血气方刚，一个满腔抱负。就这样，一场两宋历史上空前绝后的大变法开始了。

北宋熙宁五年（1072）三月，宋神宗实施了市易法。

市易法主要是由官方出钱成立市易司。平价购买滞销商品，到市场有需求的时候再卖出。建立市易司最重要的作用，除了平衡物价以外，也能让政府得到一定的收益。市易司关系到社会的各个领域，涉及中医药方面的，是对药品和药材实行国家专卖。为此新设立了一个叫作"市易务卖药所"的机构，用于药品和药材的收购和卖出，严禁商人或私人制造、贩卖药品与药材，以稳定药品、药材的流通与价格。

变法初期，几乎在所有大事上宋神宗都听王安石的。在宋神宗的力挺之下，王安石变法力度越来越大，步伐也越来越快，各项措施纷纷出台，随之而来的，是王安石逐渐增大的权力。随着变法深入，当初的少年天子也将近而立之年。近十年的各种经历，使神宗愈发成熟了。他自己已经有了对于未来更深的理解和更清晰的打算。有好几次，他远远地望着王安石，默默地问自己，难道我还要事事都依靠他吗？

于是，一次次沟通，一桩桩事件，神宗与王安石的分歧越来越大。有一日，在用兵西夏的问题上，神宗与王安石又一次产生了分歧，神宗不想继续用兵，想采取息事宁人的态度，于是对王安石的方案避而不谈。而王安石也终于有了自己的政治抱负再无可能实现的预感。

北宋熙宁九年（1076）六月，王安石的爱子王雱去世。这件事情给王安石带来了沉重的打击。于是王安石求退。神宗在十月第二次罢免了王安石的相位。

王雱死了，助手离散，放眼望去，满朝大臣都是敌人，王安石觉得自己留下只会给朝廷添乱，让反对派整天围着他吵架。活儿谁干？朝廷怎么办？如果只是为留下而留下的话，真的是贪恋权位了。

十月的汴梁，天很凉了。可是王安石的内心却比这天气更凉，他要走了。在汴河码头登船离开的那日，知道的人很少，来送行的人更少。船慢慢驶离码头的时候，王安石转过身来，深深地，仔仔细细地凝望着东京，在这个倾注了他全部心血的地方，他曾经是多么的意气风发，多么的抱负满满。他看着京都离他越来越远，越来越远，他知道这个地方终究会远到完全看不见，可是看不见就不会想念吗？这一年，王安石五十五岁。距离他进士及第已经过去了三十四年。他离去了，他觉得下面的路要宋神宗自己去走了。他离开东京后就再也没回来。

王安石临别政坛前五个月，宋神宗颁布了一道诏书：

罢熟药库合药所，其应御前诸处取索药等及所减人吏，并隶合卖药所。仍改为太医局。

这道诏书意味着正式撤销、合并旧有的熟药库、合药所和卖药所。在太医局下成立制造和出售药材、成药的专门机构——合卖药所，又称太医局熟药所。

而创设太医局熟药所的建议，恰恰来自王安石。

二

熟药所是中国历史上最早的官办药厂和药店。在熟药所内，所有的丸散膏丹等均由国家出售，不允许个人或者其他部门私自制作。在瘟疫、灾情发生的时候，熟药所要担负给百姓发放药剂的职能。太医局熟药所建立后，为病人提供了很大的便利，同样也给政府赢得了丰厚的利润，朝野上下无不称赞。

《宋会要辑稿》中记述："太医局熟药所熙宁九年六月开局，至十年六月收息钱二万五千余缗，计倍息。"

北宋元丰八年（1085）三月，三十八岁的赵顼忧郁而逝。

翌年，北宋元祐元年（1086）四月，王安石也去世了。著名的熙宁变法以失败告终。而熟药所的发展势头却一直保持良好。

北宋崇宁二年（1103）的一天，吏部尚书何执中向徽宗赵佶建议："太医熟药所，其惠甚大，当推之天下。"

这位重视医学的皇帝对何执中的建议大加赞赏，遂下诏书：

卖药所增至五所，修合药所两所。

一纸诏书，全国各地先后建立熟药所，一时间熟药所遍地开花。

徽宗皇帝精通医学。北宋政和三年（1113）他撰写了《圣济经》。后来他又特地组织了八名医官编辑《政和圣济总录》（又名《圣济总录》）。《政和圣济总录》洋洋大观，是一部大型的综合性医方书，书中单是方剂就收录达两万个，可以说是集宋以前的中医药文化之大全。此外他还同时组织了大量医官校对、增删了《太医局方》（后更名《和剂局方》五卷。这便是《太平惠民和剂局方》的前身）。

《太平惠民和剂局方》书影

客观地说，宋徽宗赵佶在治国理政方面不能算是个圣明的君主，但是对中医药的发展着实作出了不小的贡献。假若他不当皇帝而潜心研究医学，没准还会成为一代名医。当然这是后话。

徽宗皇帝编写《圣济经》的第二年，北宋政和四年（1114）四月十一日，尚书省奏："两修合药所，五出卖药所，盖本《周官》医官，救万民之疾苦。今只以都城东壁、西壁、南壁、北壁并商税院东出卖熟药所名之，甚非元创局惠民之意。矧今局事不隶太医所，欲乞更两修合药所曰医药和剂局，五出卖药所曰医药惠民局。"

宋徽宗听从了建议，遂改卖药所为医药惠民局，修合药所为医药和剂局。

医药惠民局在制药生产和经营管理工作上，是十分严谨的，规章制度健全，监管严密。医药和剂局按照官方药方，严格筛选、配制药材，确保材料足，品质高，严防偷工减料。一旦药物囤积时期过长，超过了保质期，就必须尽快予以毁弃处置，以保证药品疗效。但因为当时官药品质好，所以民间很快就出现了仿冒的药品，用以冒充官药出售。为避免这一现象的产生，医药惠民局和医药和剂局各自都有刻有"药局印记"和"和剂局记"四字的大印。东、南、西、北四大局，也要分别盖上六字单位公章。只有盖上大印的药，才是如假包换的正品官药。

据《东京梦华录》记载，当时开封城朱雀门外街巷有"熟药惠民南局"。大内西右掖门外街巷有"熟药惠民西局"。这两所都是当时著名的大药店。

南宋时期杭州建立了太医局熟药所。《西湖游览志》

载:"报恩坊,俗称观巷……其西,宋有惠民西局……皆贮药以待病者。"

南宋绍兴六年(1136)正月四日,应户部侍郎王俣之请,宋高宗下诏令建立了四所太医局熟药所、一所和剂局:

> 置药局,以行在太医局熟药东西南北四所为名,内将药局一所,以和剂局为名。

十月初八,宋高宗下诏说:"熟药所、和剂局,监专公吏轮留宿值。遇夜,民间缓急赎药,不即出卖,从杖一百科罪。"这些规矩在现在看来都是非常严格的。说明在宋高宗眼里,这些"老百姓大药房"所售的药品在质量方面必须过硬。也必须保证能够实现通宵营业,有人值班。

南宋绍兴十八年(1148)闰八月二十三日,宋高宗朝旨:"熟药所依在京,改作太平惠民局。"

南宋绍兴二十一年(1151)二月乙卯,宋高宗诏"诸州置惠民局,官给医书"。同年闰四月二日,宋高宗诏"诸路常平司行下会府州军,将熟药所并改作太平惠民局"。下令将地方诸路、州、府、军、县的熟药所全部更名为太平惠民局。

这一时期的太平惠民局已经增加到了五部局,据文献记载:"南局在三省前,西局众安桥北,北局市西坊南,南外局浙江亭、北外二局以北郭税务兼领,惠民药局收赎。"

此后至宋亡,太平惠民局未再改名。

尽管太平惠民局的名字改了好几次，但无论是最早的卖药所、修合药所、和剂局、惠民局还是太平惠民局，机构本身的性质并没有发生实质性的改变，都是官方背景的药品买卖机构，在经营方式方法上都是一脉相承的。

宋朝是瘟疫频发的朝代，南宋尤甚。大概是自然因素、战争因素和社会因素所致。北方游牧民族大量南下，南北交会，难民流窜，加剧了瘟疫的传播。明末清初著名医学家喻嘉言所著的《瘟疫论》的序中描述过当时发生瘟疫的场景：

> 流离满野，道殣相望，或趋乡镇，或集郡邑，或聚都城……地气转动，浮土塌陷，白骨暴露，血水汪洋，死气尸气，浊气秽气，随地气上升。

《瘟疫论》书影

宋高宗绍兴时期开始，官方的慈善医疗机构普遍多了起来。在遭遇疫疾的时候，这些官方的医疗机构、慈善机构除了对病人进行救治之外，还会向军队提供一些药品，以备军中不时之需。在疫病肆虐时期，惠民局实行二十四小时坐诊卖药。

夏季是疫情的高发时期。每到这一季节，朝廷都下令惠民局派出医官携带药品走街串巷，为病人上门诊疗、发放汤药等，为的就是防止疫病传播肆虐。南宋绍兴十六年（1146）六月二十一日宋高宗诏曰："方此盛暑，虑有疾病之人，昨在京日差医官诊视，给散夏药，诏令翰林院差医官四员，遍诣临安府城内外看视，合药令户部行下和剂局应副，候秋凉日住罢。"（《宋会要辑稿·食货五九》）。

这些举措对预防疫病和监控流行疫病的暴发，都起到了重要的作用。

三

制假售假现象不但现在有，古代也不例外。特别到了宋朝，由于太平惠民局的药物品质好，药效快，病人信赖，市场效益好，仿造、伪造药品的事情就接踵而来，在社会上出现了假冒惠民局的药品。于是皇帝下诏，如果有人制造假药，伪造处方和官印，要依"伪造条例"进行法办。

南宋理学家判官胡石壁这几日胃肠不适，呕吐、反酸、食欲不振。胡夫人见状甚是担忧，请了大夫到家里来诊治，却也不见好转。胡判官略通医药，记得医书中记载过一种很便宜的草药叫作荜澄茄，便打算自行购买回来煎服。

这天胡判官外出买药，刚出门，一阵腹痛袭来。胡判官不由地倒吸了一口凉气，旋即双手捂住腹部沿墙角蹲下，片刻腹痛稍稍缓和。想到去惠民局还要再走一段路，胡判官心里打起了退堂鼓。此时他似乎记得离家不远就有一个卖草药的市场，胡判官思忖："这荜澄茄也不是什么名贵的药材，这市场应该就有卖的，那就不去惠民局了吧。赶紧把药买回来服下才是正事。"打定主意后，胡判官便快走几步朝着市场的方向去了。

胡判官在市场上觅得荜澄茄，用食指和大拇指捏起凑近闻了闻，气味芳香，问店家："你这药是真的吧？""当然是真的啦，真真儿的！"店家拍着胸脯说，"我这里的药和惠民局的一模一样，大人您尽管放心就是。"胡判官于是购买了六份，每份重量一钱六分。

回家准备煎药，一拆开药的包装，胡判官便觉气味不对。再仔细一瞧，药材不仅不新鲜，而且细细碎碎的都是渣子，更令人气愤的是，药材不纯，乱七八糟的杂草梗居然占了三分之一！胡石壁大怒，命人把店家李百五抓了过来，质问道："李百五，你知罪否？"

李百五自知理亏，头点得像小鸡啄米一般，吓得两腿像筛糠似的发抖："知……知……知，小的知罪！"

胡判官气愤地说："你连荜澄茄这样便宜的药都造假，珍贵的药肯定更是造假！我好歹还是判官，你卖给我的药都造假，那卖给普通老百姓的更不用说了！你这种人，一直卖假药，不知道害了多少人的性命！"

最后判处对李百五大刑伺候，勘杖六十，并带上枷锁在药摊前示众三天。有点类似于现代的"现场宣教"。除此之外还要求李百五阅读《宋清传》（《宋清传》系

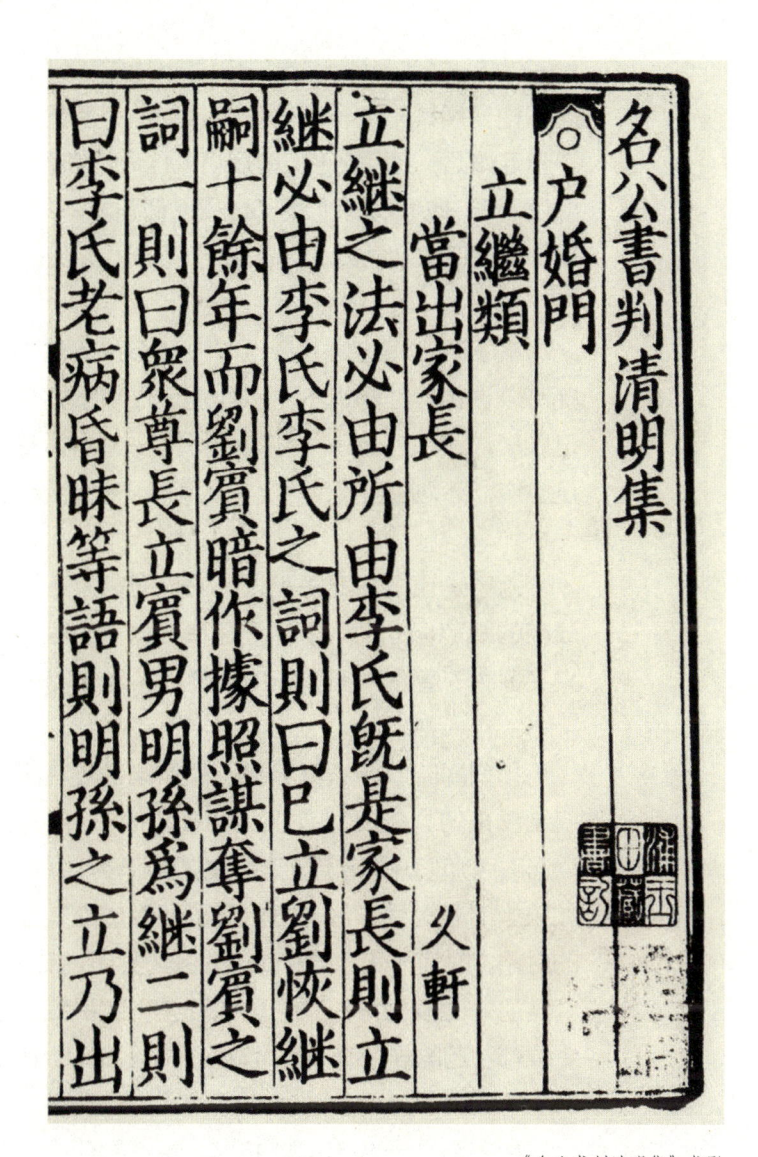

《名公书判清明集》书影

唐代文学家柳宗元任永州司马期间所作的一篇传记小品），学习其中轻财好义之道。

关于这桩案子，在南宋幔亭曾孙编辑的《名公书判清明集》卷十四里的《假伪·假伪生药》中是有记载的："昨日买荜澄茄一两于市，此乃至贱之药，所直能几，六铺供应,各当一钱六分,内李百五所供,不特陈腐细碎,而草梗复居其三之一。于贱药且如此,况贵药乎!供太守者且如此,况百姓乎!前后误人性命,盖不知其几矣。勘杖六十,枷项本铺前,示众三日,仰归求《宋清传》观之,学其所谓远取利之道。仍备榜门。"

案子的判词这样写道:"大凡市井罔利之人,其他犹可以作伪,惟药饵不可以作伪。作伪于饮食,不过不足以爽口,未害也……惟于药饵而一或作伪焉,小则不足愈疾,甚则必至于杀人,其为害岂不甚大哉!"

为了防止市井野医骗人,宋代时官方开始组织编撰成药的规范标准,这个标准最早名为《太医局方》,后来又多次的增补、修订,书名和卷次都有过数次的调整。

和剂局的成药质量上乘,都是集各著名医家的药方研制出来的,药效特别好。因此和剂局的成药处方就成为当时医师们开方子用药的规矩准绳,被称为"局方"。如果当时有医生不依局方治病,便会成为其他医生嘲笑的对象。时间一长,局方就成为医药界的"定海神针"。"官府守之以为法。"这种做法在一定程度上也促进了中成药制药的规范统一,推动了中成药的使用和流通。

南宋绍兴十八年(1148),随着熟药所改名为太平惠民局,《太医局方》改名为《和剂局方》,进而更名为《太平惠民和剂局方》。后来经宝庆、淳祐年间的补充完善,陆续增补为十卷。分诸风、伤寒、痰饮、诸虚等十四门,共计七百八十八方。其中有许多名方,如至宝丹、牛黄清心丸、苏合香丸、紫雪丹、四物汤、逍遥散等等。这其中有许多方剂至今仍广泛用于临床。太平惠民局按照医书上的处方制药,从这个时候开始,临安(今浙江杭州)成为全国的中成药制剂中心。

《太平惠民和剂局方》是世界上最早的官定药局方，对中外医药学产生了重大的影响，比外国最早的药局方早六百余年。

随着南宋朝廷的日益腐败，太平惠民局的药品质量也直线下降。假冒伪劣、以次充好的现象不仅在民间存在，还蔓延到了官办机构。甚至和剂局中的官吏出现了监守自盗的现象，将稀有上好的药材偷梁换柱，以次充好。据记载南宋宫廷、官场及民间之遗闻逸事的《吹剑录外集》记载，那时老百姓在惠民局买到的药品"药材既苦恶，药料又减亏"，而惠民局对权贵们又是另一副谄媚的嘴脸。南宋诗人刘克庄在《后村集》中也曾经记载过惠民五局卖假药的事件。

南宋德祐二年（1276），太平惠民局随着临安的失守而湮没。

湖海相逢尽赏音，囊中粒剂值千金

一

据清乾隆《杭州府志·方技》记载："朱养心，余姚人，徙于杭。幼入山，得方书，专门外科，手到疾愈，迄今子孙皆世其业。"朱养心家中世代为中医骨伤科医生。他自幼在家随祖父、父亲认真学习诊病、疗病技术，特别钟情于跌打损伤膏药的研究、制作。明天启年间，为了躲避战乱，朱养心从余姚到了杭州。后来他在杭州的胥山（即吴山）开设药号"日生堂"。日生堂的意思是生生不息。朱家后人一直沿用日生堂的字号，直到清末民初，才出现朱养心药室的名称。

日生堂专治跌打损伤、痈疽疮疡以及眼科外伤等疾病。药号经营自制的丸散膏丹，特别是一款"红膏药"更是闻名天下。

日生堂后面掘有水井，所煎膏丹皆用此井的水，药效甚佳。朱养心的医疗经验丰富，技术高超、胆大心细，一些比较难治的病症他都能逐一破解，药到病除，再加上当时杭城缺少这一门类的外科大夫，清河坊又是商贾林立、车水马龙的大码头。很快，朱养心就在杭城开始有了名声。

　　大井巷口的养心丹膏店,为五开间店面,东、西两个墙门出入,四周建有风火围墙,东首墙门入内,为营业正厅,正堂悬挂"日生堂"匾额,匾下有"泼水墨龙"古画。朱养心对子孙和门徒除了传授伤骨科医药技艺之外,还重点教给他们行善好施、救苦助贫的医德。对于上门求医的病人,不管贫富如何,诊金多少,朱家都一视同仁,全力救治。朱养心平日里就是个热心肠,扶危济贫,乐善好施,还很有同情心,谁家有点事儿,谁人有点病痛,他都全力以赴去帮忙,而且医术特别好,医德也高尚。时间一长,他在杭州城就出了名。

　　相传明代万历年间,八仙之一的铁拐李经过乔装打扮,一瘸一拐来到朱养心药店门口坐下,要求店主为他治疗一双烂脚。只见他双脚脓毒外流,臭不可闻,过路人个个掩鼻而过。药店伙计们都推开不管,只顾接待其

朱养心膏药店旧址

他顾客。店主朱养心知晓后，亲自过来查问病情，并嘱咐伙计为他安排食宿，精心为其治疗，其中就用到了"红膏药"。朱养心每天为他勤洗勤换药，毫无怨言。过了一段时间，铁拐李的烂脚脓毒流尽，创面结痂，红肿消退。

那一日，铁拐李对朱老板说："朱老板你人可真好。我这个又脏又臭的老头儿在你面前你也不嫌弃，还亲自给我治疗疮毒，又分文不取，真是感激不尽。但我确实是没有钱付给你，太过意不去了。要不这样朱老板，我小时候学过画画，我给你画一张画留作纪念吧。"听他这么一说，朱老板真是哭笑不得，心里暗想：我出于怜悯，替你医治好病，还图你什么报酬？再说我要你这个脏兮兮的糟老头子画的画作甚？

不过他还是叫人拿来了宣纸和笔墨。只见这老头儿动作利落地将纸张铺平，将笔饱蘸墨汁，稍作停顿后忽然起笔，在纸上迅速游走数下。然后对朱老板说道："老夫献丑，告辞！"讲完不等朱老板回应就头也不回地迈出了店门。朱养心凑近一看，是一幅云中有龙，龙中有云的"水墨龙"中堂画。此后朱养心就将此画挂于店堂中间。

有一年秋天，大井巷失火，火势逼人，势如破竹，大火已焚烧了半条巷子，朱养心药店的房屋也被大火围困。在这危急关头，只见朱养心药店内，上下都是湿漉漉的，得以避火，安然无恙。朱养心这才恍然大悟，乃是画中蛟龙喷水之故，真是稀世珍宝。消息传开，众人争观宝画，顿时街巷水泄不通，朱养心药店生意也随之昌盛兴隆。从此朱养心丹膏店延续四百多年未曾遭遇火灾。

这则故事是有记载的，并非完全虚构，只是在叙述中掺入了老百姓的感情色彩。

清同治二年（1863）钱塘范祖述著《杭俗遗风》载："相传养心在日，善医，好施药。一日，有丐者卧门侧，足臭腐不能闻，养心为其诊视，日给以饮食，三月而始愈。临别，丐赠以黑龙画而去。丐者，铁拐仙是也。"

清《蔗余偶笔》述："杭城多火灾，惟朱养心药铺从不被害。相传初年主人精于医，有丐者遍体生疮，哀求诊救，款留调治，百日而愈。临行，为主人画墨龙御火患以报德，掷管而去，不知所在。"

《武林坊巷志》引《老学后庵忆语》记："杭州大井巷有古井，遇大旱之年，此井亦不竭。闻曾有道士写龙悬在朱养心家壁上，朱故世居巷井侧。今其家画龙犹存。"

后来据考证，朱家历代子孙确实收藏有"泼水墨龙"画，只是目前已失传。后来据地理学家的分析，朱养心药店位于吴山脚下，正处于山上泉水流经之处，聚水成沟，湿气大增，故使药店显得"湿漉漉"，当然不会起火了。

日生堂的家传产品众多。这些家传珍品，制作奇特，确有灵验。

《杭俗遗风》里还记述了这样一个传说：

两个年轻人到日生堂来求职，朱养心宅心仁厚就收留了他们俩。平时就让这两个年轻人在店里帮帮忙，做点杂事。这两人每天吃完午饭，必定到后山上去玩耍，无论天气如何，雷打不动。有一天午饭后，天空中飘起了雪花，天气十分寒冷，可是那两个年轻人依旧去了后山。朱养心觉得好奇怪，这样冷，又是雨雪天气，后山有什么好玩的呢？于是便尾随那两年轻人到了后山。

两个年轻人见朱养心跟来，急忙一起越过山岭逃走了。朱养心想追，却追不上，正懊恼，忽然低头发现就在那两个年轻人坐过的地方有一片碧绿的荷叶。"这样冷的天，这荷叶怎会如此碧绿？"朱养心百思不得其解。无奈天寒地冻，朱养心也不敢在这里久留，便将荷叶带回家了。

第二天这两个年轻人没有回到朱养心的日生堂。如此不告而别，朱养心心生疑惑。看着拿回来的碧绿碧绿的荷叶，朱养心恍然大悟——莫非那两人是和合二仙下凡？

日生堂主营丸散膏丹，每日必熬膏药。说来也怪，偏偏就在拾到荷叶的第二日，膏药怎么熬都熬不好。熬膏药是个技术活儿，选料、炸药、炼油、下丹、收膏、去火毒、烊膏、摊涂等十多道工序缺一不可。首先按照处方精选配伍道地的药材，将药材切或捣成小块，在加入蜂蜡的棉籽油或花生油中浸泡十五个小时，然后将油加热到二百摄氏度以上，并用桑木棍不断搅拌，将药料炸成焦黄后捞出，再进一步熬成膏药肉。膏药肉要熬到"滴水成珠"才到位。

看膏药怎么都熬不好，朱养心也是暗自着急。他忽然想起那一片荷叶，若真是和合二仙留下的，那必定是法力无边的。这么想着，朱养心就将荷叶放进了热油里。

荷叶被热油迅速吞噬，如漩涡一般。不一会儿奇迹发生了——膏药成了！但见那膏药颜色碧绿剔透，膏体软嫩。朱养心心生欢喜，遂将这款膏药取名为"童禄膏"。老主顾们纷纷说，这款童禄膏治疗疮疖溃疡的疗效十分显著，它能够生肌拔毒，真乃居家旅行必备之良药！童禄膏的疗效一传十、十传百，后来只要童禄膏上架，不到半天必定被抢购一空。

二

朱养心从医之初，以治疔痈疮疡、跌打损伤为专业。清乾隆《杭州府志·方技》说朱养心"专门外科，手到疾愈"。朱养心长子朱宾淳继承父业。以后历代的记载，都只有日生堂产品的神奇，朱氏后裔在医术上的建树记述不多，这也表明朱氏第二代之后逐渐从行医向制药转变。

现存《祖遗成方》抄本记载的膏药配方及历代传统产品，大多为外科、骨伤科之用。清同治初范祖述所著，民国洪岳补辑的《杭俗遗风》，清末民初徐珂所著的《清稗类钞》中，记述的都是朱氏所制的外科膏药和眼药。

中医有专门的方剂学，讲究药方中各种药按"君臣佐使"协同、配合，有时还需要互为制约，故有"用药如用兵"之说。有些药物虽然有毒，甚至大毒，但根据"君臣佐使"的组方原则，各味药有相互制约的机制，经过合理加工往往毒性大减，有些还包含着以毒攻毒的理念。辨明阴阳寒热症候，把握好禁忌证，作为外用膏的成分，"毒药"的使用也是安全的，甚至是必要的。

药业界最注重的是道地药材和遵古炮制两大原则。走进朱养心药室就能看到药库、药房的橱架上放满了大小各式的膏药。朱养心药室出品的各产品的基本方剂、成分，大都能在中国医药的典籍中找到依据。

朱养心药室最为著名的产品有：用麝香、马钱子、穿山甲、乳香、桃仁、赤芍等配制成的万灵五香膏；用阿魏、天麻、麝香、皮药等制成的能消痞化积的阿魏狗皮膏；用铜绿、松脂、蓖麻子仁等制成的能治疮疖溃疡、拔毒生肌的碧玉膏；作为夏秋期间治疗小儿疮疖常备药品的红膏药；用生川乌、羌活、官桂、油松节、铁丝、威灵仙、青风藤等制成的狗皮膏等。所有产品均在药名前面冠以"朱氏"二字。

现摊现卖是朱养心药室的经营特色，除了杭州，其在嘉兴、湖州、金华、衢州等地区都享有盛誉。每到春夏时节，香客来到，日生堂门庭若市，日经营收入多达数十两白银。

日生堂的镇店之宝叫作珍珠八宝眼药。对于眼药制作，日生堂一直以来坚守家传，选料认真，精工炮制。

膏药制作之摊膏

石蟹不成形者舍去，甘石要剔除硬块。天然珍珠必须逐粒挑选，然后将珍珠置于布袋中，与豆腐同煮至沸腾后，研成细粉。甘石、石蟹用火煅透，淬水后研成细粉，甘石炒透水飞，黄连则用道地川连，用清水煎浓汁至干燥，后加硇砂、牛黄混合研磨均匀，最后加入冰片，制成珍珠八宝眼药。

朱养心字号的经营模式是家族管理，遵祖训轮流坐堂。长久以来独特的管理方式也成为朱养心药室的特色之一。

朱养心药室最初共由七房共同经营。二房与三房在清咸丰末、同治初的战乱中失散，各房重新划分后轮流经营：大房为长，经营十五天，四房经营十天，六房也经营十天。五房的独苗男丁病夭，一度停了经营。后来六房过继给五房一男孩，从十天中分出四天，就成了五房经营四天，六房经营六天。七房在太平军败退后，与二房、三房一样，也没有了下落。有一天，一名老家人抱来一男孩，说是七房的骨肉，如此，又分出四天经营权给了此男孩。

如此，左右宅院住着大房、四房、五房、六房、七房五支后裔。七房后人在朱家老宅屋檐下共同生活了四百多年，共同经营着这个药室。产权共有、轮流经营，分别享有经营当天的利润，这种独特的经营模式对朱养心品牌的延续十分有利。朱养心药室独特的财产管理、利益分配方式，大致体现了公平原则，在相当程度上形成了朱养心字号的合力，堪称中国商业史上一奇。

三

清咸丰十年（1860）三月十一日，李秀成所率太平军到达杭州武林门外，而此时的杭城除去八旗兵以外，共有兵勇不过三千人。

面对突然到来的太平军，浙江巡抚罗遵殿仓促布防。但终究是兵力不足，于是采取了"主守不主战，守近不守远"的策略在杭州城坚守。而清军的各路援军，虽然接到了杭州的求援，却纷纷敷衍了事，不是姗姗来迟，就是找各种借口躲避交战。由于守军的弃战，太平军很快攻占了钱塘门和武林门，之后又绕到南屏，占领了玉皇山、凤凰山、万松岭一带。太平军将杭州外围全部占领之后，开始向城市内部发起猛攻。激战之下，三月十九日，太平军将清波门城墙轰塌，由一千二百五十人组成的先锋军在李秀成的部将谭绍光、吴定彩、陆顺德的带领下攻入城内。杭州城全面沦陷。

朱氏家族又一次为了躲避战乱而举家逃亡。一大家子先从杭州到了绍兴，后来辗转到了宁波，又从宁波坐船到了上海。一路逃亡，朱家的人或遇难，或失踪，支离破碎。战局稍一平稳，朱养心上海药室在朱养心第八代孙朱大勋、朱大成等的张罗下开张了。同战前一样，朱养心上海药室主要经营外科膏药和眼药，生意也做得有模有样。

在上海日子久了，朱大勋依旧想念杭州，认为日生堂只有开在杭州才是正宗的。为了重振日生堂的名号，朱大勋回到杭州。站在大井巷——当年日生堂旧址——的朱大勋看着历经战乱而破败不堪的药室，深深地叹了一口气。当年的辉煌不复存在，如今只剩断壁残垣。要想重振当年的日生堂，真是说起来容易做起来难！

重开日生堂首先遇到的大问题就是资金。连年战乱，朱家基本上没有了积蓄。当务之急就是筹措资金。当时朱大勋已经是颇有名气的书法家了，能作擘窠大字，又工篆、隶，苍劲古拙，自成一家。朱大勋凭着自己的人脉，在各个场合只要有机会就表露自己要重振日生堂的打算。

一日，朱大勋外出散步，边走边思考着日生堂的未来，不知不觉又来到了大井巷。忽然眼前出现了几位长者："冒昧，请问您是朱养心药室的朱大勋先生吗？"

"正是在下。"朱大勋礼貌作答，"只是历经战乱，药室尚未重新开张。"朱大勋以为眼前这几位是来看病的。

"我们几个都是受过朱家恩泽的！"其中一位长者开口道，"听闻您要重振朱养心药室，我们第一时间赶来了，想尽一份绵薄之力。药室若能重张，乃是大好事呀！"

"是呀，请收下我们的心意吧！"几位长者齐声道。

就这样，在不少日生堂老主顾的共同帮助下，朱养心药室在吴山脚下的大井巷内重新开张了。药室历经明清两代，在朱氏家族十二代人手里延续了三百三十多年。这段历史在如今现存于大井巷朱养心药室的由清人吴恒撰文、金鉴书碑的《杭州朱氏日生堂药室重兴记》中，仍旧依稀可辨。

仁术久传金匮秘，惠风长驻侣山堂

一

明朝末年的一天，钱塘名医卢复的家中传出激烈的争吵声。

"之颐，之颐，你给我住手！住手啊，万万使不得！"卢复大声说道。

屋内火盆里火光熊熊，烟灰和纸屑在空中飘散开去。卢复边说边上前去抢夺儿子卢之颐手中《金匮要略摸象》的手稿。

但见卢之颐躲开父亲的抢夺，奋力地撕扯着手中的书稿，并将它们一页一页地丢进面前的火盆里。火盆里的灰烬已经积得很厚了，火苗奋力地吞噬着火盆中的书稿。卢复蹲下身，试图伸手从火盆里抢出那几张尚未燃尽的书页。

卢复，字不远，号芷园。家中世代行医，幼习岐黄，遍读古今医书，是明末清初医学"尊经派"的领衔人物。

"父亲，请不要阻拦我！"说话的是卢之颐。此时他的衣服、头发甚至胡子都沾上了灰烬。手里近千页的《金匮要略摸象》手稿只剩下薄薄几张。

卢之颐，字子繇（一作子由）、繇生，号晋公，钱塘（今浙江杭州）人，明代医家。卢之颐幼承家学，治学态度严谨。青少年时就很擅长处方药物。上文提及的《金匮要略摸象》即是其主要的作品之一。

"唉！"卢复重重地叹了口气，"之颐，你这是作甚？这书稿可是你多年的心血啊，你怎么说烧就烧了！可惜，可惜啊！"

"父亲，请恕孩儿不孝。《金匮要略摸象》是我编写的，但我每次翻看都觉得不甚满意。您说，我连自己这关都过不了，又如何让病家满意，如何让读者满意呢？父亲，您就让我烧了它吧。"卢之颐边说边搀扶起在火盆旁蹲着的低头叹息的父亲。

卢复握住了儿子的手，老泪纵横。半晌，卢复拍了拍之颐的手，点点头，又摇摇头，起身向门外走去。

门外天光正亮，父亲的背影成了一个轮廓，之颐忽然发觉父亲有点苍老了。"父亲！"卢之颐在卢复身后低低地喊了一声。背影停住，却没有转身。

"父亲，十年后，我定拿出让自己满意的书稿。"

卢复在当时已经是钱塘著名的医家，朋友很多。他写过很多医书，不少是关于药物的，其中有很多新的观点。他于晚年撰写《本草纲目博议》，只可惜直到他去世都没有编撰完成。二十八岁的卢之颐遵照父亲的遗嘱继续编撰，总共用了十八年时间，一直到明崇祯十六年（1643）才编撰完成。清顺治二年（1645），历经战乱，医书的原稿散失。后来之颐根据记忆重新补写，故取书名为《本草乘雅半偈》。

春和景明，钱塘卢家高朋满座。这一日，钱塘名医王绍隆，人称"虞山儒医"的缪希雍等一众名家像往常一样来到了卢家。

之颐深知，实现父亲将医书完成的遗愿并不是一件容易的事情，因此这些年他常常邀请地方名医在家中研究探讨医学，讲学的气氛特别热烈。平日里之颐与全国各地的著名医家也有着不间断的书信来往，信中多是讨教医药知识。编书过程中，之颐也不忘将讲学以及书信中诸医家的意见融入书中。除了探讨医学，之颐和众医家也常常在家中讲述《灵枢》、《素问》、仲景学说等医学经典理论。

"昔在黄帝，生而神灵，弱而能言，幼而徇齐，长而敦敏，成而登天。乃问于天师曰：余闻上古之人，春秋皆度百岁，而动作不衰；今时之人，年半百而动作皆衰者，时世异耶？人将失之耶？"

这一天之颐讲的是《素问》。

卢之颐在《本草乘雅半偈》自序中说道："岁在庚午（明崇祯三年，即1630年），武林诸君子大集余舍，举仲景两论及灵素秘奥，期余一人为之阐发。余谢不能，然亦不欲自秘其师承也……而前所称武林诸君子，咸以是书出，殊可为人师承，余不敢冒其称也。余特不敢不称述其师承者也。"当时论医讲经的氛围之热烈，在这段记述中，便可窥见。

《黄帝素问灵枢经》书影

　　卢之颐越讲越好，他的名气也越来越大。日子久了，卢之颐善讲医经的名声在外，好多慕名者远道而来就为了听他讲课。当时的很多名医，比如陈胤倩、张天生等都听过卢之颐的讲课。

　　已是张遂辰门下的张志聪，那个时候也常常去听讲。

二

张遂辰，字卿子，号相期、西农老人。原籍江西，后随其父迁居杭州。如今杭州市上城区大学路（原称蒲场巷，1927年更名为大学路）是彼时浙江省中医进修学校以及1959年成立的浙江中医学院（2006年更名为浙江中医药大学）的旧址。浙江省首位国医大师何任先生于1947年创办的杭州中国医学函授社也在此地。

百年之前，钱塘医家张卿子就在蒲场巷行医。张卿子医术精湛、医德高尚，救民无数，以善治伤寒而名闻四方。患者争相求治，一时间门庭若市。后人为了纪念他，遂将其居住的巷子改名为"张卿子巷"。以医家之名改地名，是非常罕见的。

作为张卿子的弟子，张志聪亦精临证。他先跟着张卿子学习，后来又拜师于卢之颐，得到了两位师傅的真传，所以医学功底相当深厚与扎实。他对《灵枢》《素问》《本草经》等古代医籍都有深入独到的研究。他对《伤寒论》尤其有研究，不但继承了他的老师张卿子"维护旧论"的观点，同时也加入了自己不少具有独创性的精辟见解。更令人敬佩的是，张志聪直到古稀之年都一直在学习新的医学知识。

吴山在钱塘江北岸，西湖的东南方，是天目山山脉延伸入城之尾。吴山其实是众多山脉的总称，其西北处有一峨眉山脉，山下有一山庄，名为侣山堂。侣山堂是主人张志聪取自苏轼《赤壁赋》中"侣鱼虾而友麋鹿"的句意，意思为"侣伴以傍山"。这里风景绮丽，奇峰怪石，树木林立，曲径通幽，流水潺潺，草木郁郁葱葱，鸟语花香，让人流连忘返。

听卢之颐讲医经多了,张志聪也想效仿老师讲学问道的做法,于是尝试在自家诊所侣山堂开讲。

温病、疟病,皆邪伏于内,而后发者。寒乃阴邪,冬时阳气内盛,故邪伏于在外皮肤之间。冬至一阳始生,至春阳气盛长,外伏之阴邪,与阳相遇,邪正相搏,寒已化热,故春发为温病也。……夫《内经》首重天地阴阳之气,寒暑往来,升降出入,人居天地气交之中,随四时之寒暑往来,而四时之风、寒、暑、湿,又随人气之升降出入。东垣不明经旨,反穿凿缀缉,而安道讥之;安道讥之,而亦不能阐发其经义,是使后人而复讥后人也。

这一日,侣山堂内传出张志聪讲学的声音。

志聪的学生,亦是当时的名医张开之听罢,接着老师的话往下讲:"春时阳气盛长,秋时阴气盛长,伏邪必随气而外出,故曰'必'。"志聪微微颔首,面带笑容。

这样的讲学已经办了多次了,志聪广聚同仁,培养学生,教学方法既有讲授又有论辩,非常生动活泼。张志聪不仅自己讲,还请来张开之、沈亮辰、张锡驹、莫仲超等十多人一起讲。时间一长,侣山堂讲学的规模和影响胜过了老师卢之颐。这种盛况不仅让官办的中医教育机构相形见绌,也是家传或带徒式教育望尘莫及的。

《清史稿·列传二百八十九(艺术一)》中记载:"明末,杭州卢之颐、繇父子著书,讲明医学,志聪继之。构侣山堂,招同志讲论其中。"

当时侣山堂是钱塘医家们常常相聚的场所。他们在这里品茗论医,各抒己见,交流探讨医学理念,共同论医的氛围弥漫着整个山庄。著述、讲学的同时，张志聪和医学友人们又以侣山堂为诊所，为老百姓看病，救民于疾苦。这里学术氛围浓厚，意趣高雅，让人如沐春风，呈现出一派中医学术繁盛之象。

晚年，张志聪将自己和同好、学友以及门生弟子在侣山堂探讨医理、讲方论道、钻研学术等内容用医论、医话的体例编撰成书，就是著名的《侣山堂类辩》。

《侣山堂类辩》书影

张志聪讲学、办学的事儿被居于侣山堂旁的自号"胥山老人"的清代学者、医家王琦所记述。他在《侣山堂类辩·跋》里写道:"盖其时,卢君晋公以禅理参证医理,治奇疾辄效,名动一时。张君隐庵继之而起,名与相埒,构侣山堂,招同学友生及诸门弟子,讲论其中,参考经论之同异,而辨其是非。于是,谈轩岐之学者咸向往于两君之门,称极盛焉。"

侣山堂高朋满座,培养了一大批医学人才,从而将这种小型的家庭讲学模式上升至民间中医教育模式。其中有名可考的医家就有数十人之多,比如后来继承张志聪衣钵的高士宗。

张志聪主持侣山堂讲学持续三十年,成为钱塘医派真正的集大成者,也开创了中医教育的新模式。

据《清史稿》记载:"(志聪)构侣山堂,招同志讲论其中,参考经论,辨其是非。自顺治中至康熙之初,四十年间,谈轩岐之学者咸归之。"

侣山堂的事,自清康熙十三年(1674)张志聪去世后,虽屡修方志,但无论是《钱塘县志》或是《杭州府志》《浙江通志》都没有记载。一直到民国所续修的《杭州府志》才开始记载:"张志聪,字隐庵,高世栻,字士宗,皆钱塘人。康熙间,钱塘为医薮,如志聪尤推重,游其门者多成良医,尝与诸弟子讲学于侣山堂。时世栻道已盛行,一闻志聪讲学,幡然从之游,技大进,竟与志聪齐名。"

张志聪去世后,侣山堂讲学中断一年。第二年,高士宗秉承师训,继续坚持讲学论道于侣山堂,传承中医,前后四载有余。其后,侣山堂讲学一直延续至光绪年间的仲学辂。

三

仲学辂系何人？

仲学辂，字养贞，号卯庭（一作昴庭），又号茆亭，清钱塘瓶窑镇长命仲家村（今杭州余杭区瓶窑镇）人。

他被称为钱塘医派最后的中流砥柱。

清光绪初年，朝廷内忧外患。彼时独揽大权的慈禧太后伤透脑筋，患上了严重的失眠症，食欲大减，性情急躁。清光绪六年（1880）二月起，她又因痰中带血、精神疲惫以至不能处理政务。一开始请宫中御医治疗，由于元气消耗太多，见效甚微。据《清德宗实录》卷一百一十四描述：光绪六年六月七日，"谕军机大臣等：现在慈禧端佑康颐昭豫庄诚皇太后圣躬欠安，已逾数月，叠经太医院进方调理，尚未大安。外省讲求岐黄脉理精细者，谅不乏人。著该府尹督抚等详细延访，如有真知其人医理可靠者，无论官绅士民，即派员伴送来京，由内务府大臣率同太医院堂官详加察看，奏明请旨"。

当时的浙江巡抚是谭钟麟，他接到谕令后，便推荐了薛宝田。当时薛宝田年事已高，将近七十，谭钟麟怕他经不起一路的舟车劳顿，又怕他不懂朝中礼仪弄出差错，决定让仲学辂陪同一起进京。

据薛宝田的《北行日记》记载，太后病由积劳任虑、五志内燔所致，气血不足致腿足无力，宗气亏虚致精神疲惫，木火上炎致痰中带血，脾气不调致大便或干或溏，督脉虚而致脊背时冷时热。在四十余日的治疗过程中，先后使用了养生汤、保元汤、归脾汤、逍遥散等四个基本方剂，加减调方二十余次，终于使慈禧太后恢复了健康。

仲学辂与薛宝田上京为慈禧太后医治疾病后，名气更大了。当时浙江医局刚刚在杭州建成，清光绪十年（1884）二月，便请来了仲学辂主持，医治病人不下数万人。仲学辂十分仰慕明末清初钱塘侣山堂的治学精神，便遵前贤遗愿，不但行医治病，而且承袭了侣山堂遗风。当时与其一起论经、讲学的同道包括李宝庭、程逊斋、施瑞春、章椿伯、林舒青等，颇有康熙年间张志聪在此

侣山堂旧址

讲学论道的模样,如此几近二十年。

由于年代相隔久远,事实上仲学辂与张卿子、张志聪、高士宗等人并没有直接的师承关系,但他对钱塘医派的思想都极为赞同并身体力行,自觉传承。今天杭州吴山上的侣山堂旧址纪念碑上仍刻有"薪尽火传,仲学辂终善局"的字样。

光阴可惜,譬诸逝水。后因战乱,侣山堂毁于清乾隆年间。面对旧址,后人只能想象当时城隍山下中医氛围的浓厚以及感叹钱塘医家们的卓越才华,为他们对中医传承之精神而感动。

人面不知何处去,钱塘依旧东流水。钱塘医派以后,民间中医教育又回归家族传承、师徒相授方式。

"丹灶烟浮仁术久传金匮秘,青囊春暖惠风长驻侣山堂。"这是侣山堂旧址纪念碑亭上的一副楹联,它道出了钱塘医派的医家家风:精细、务实、坚持、专注、严谨的匠心精神和传承、包容、大气、和谐、友爱的贤者精神。

良心本是回春剂，妙手真堪度世荒

一

杭州是浙派中医的故乡之一，名医辈出，杭州城里各种名号的中药店铺星罗棋布。这些中药店以"道地药材、精心炮制、优质饮片、精当修合"的特色闻名四海。

方清怡，字再春，钱塘（今浙江杭州）人氏，出身中医世家，十岁左右就跟随父亲学医，耳濡目染，精通药理，对儿科诊治尤为擅长。他熟读明代万历年间杭州名医吴元溟的《痘科切要》和《儿科方要》等医药经典书籍，并对此悉心研究，对照书籍和临床，反复揣摩小儿患者春夏秋冬、寒暑凉热的各种症候，以及各种药材、方剂对小儿症候的作用。行医经年，治好了许许多多疑难杂症，成为杭州吴山一带最负盛名的儿科医生。

彼时方清怡住在新宫桥河下，日常他就在此处行医。那一日，一乘小轿停在新宫桥河下，轿帘掀起，下来一位管事。管事匆匆走到方清怡面前说道："方先生，我家老爷特地派我来请您到府上为小公子看病。"方清怡放下手中医书起身向管事问清病情，收拾了一下自己的出诊包随管事出诊了。

到了府上，一位贵妇人急匆匆地迎上来："先生啊，您可来了，快替我瞧瞧我们家小公子吧！"方清怡随夫人进到卧室，只见一位小公子躺在床上，面红耳赤，双目紧闭，呼吸微弱。清怡用手试了试小公子的额头，滚烫！"夫人莫急。小公子如此症状多久了？"清怡问道。

妇人告诉方清怡，小孩子已经烧了很多天了，看过医生也吃过药，可就是不见好转，依旧高烧不退。

清怡蹲下身，凑近小公子，发现他身子发热、烦倦无力、微有咳喘。随后方清怡又让小公子张开嘴，看了下舌苔，发现他舌苔厚腻。

"夫人，"清怡抬头向妇人问道，"可否让我检查一下小公子的腹部？"

"可以可以，先生您尽管检查。只要能治好他的病。"

在检查小儿腹部以后，方清怡若有所思地点点头，向妇人说道："小公子是消化不良加上受寒所致，问题不大。只要按时吃药，很快就会康复的。"

"可是缘何其他医生看了那么久都不好呢？"

清怡微微一笑道："每个医生看病的标准都差不多，但是用药、治疗就各有巧妙，千差万别了。"

方清怡为小公子开了汤药，又拿出了随身携带的七颗用蜡封好的药丸交给妇人，便告辞了。临走前还交代了服药方法、剂量和注意事项。小公子遵医嘱服用了七天汤药和药丸，果然痊愈了。看到小公子恢复如初，活蹦乱跳，全家上下都松了口气。

后来方清怡才知道，这家的主人居然是钱塘县的知县大人。知县大人为官数年，是个清正廉洁的好官，当地老百姓都特别爱戴他。那个患病的小公子就是他的孙子。知县大人看到自己的孙子健健康康的样子，特别高兴，连连赞叹方清怡医术高明，药到病除。他急忙命人把方清怡再次请到家里来打算当面致谢。见到清怡，知县拿出早已经准备好的五十两银子作为谢礼。"大人客气了！"清怡说道，"作为医家，治病救人是我分内之事，不必言谢。酬金定是万万不可的。"

见清怡如此坚决，知县也不再勉强。"方先生，敢问您秘制的丸药的药名是什么？"

"这是我研究了历代医书、医方后自制的丸药，尚未取名。"清怡如实告知。

"哦，是这样。"知县轻捻胡须沉吟片刻，对方清怡说，"先生请随我来。"

清怡跟随知县到了书房。只见知县在书房案头挥手写下"妙手回春"四个字，并对清怡说道："方先生，您看这药就叫小儿回春丸，如何？"

"妙极了！"清怡答道，"谢大人赐名。"

从那以后，小儿回春丸就成了方回春堂的一剂名药，在江南地区妇孺皆知。

这件事情之后，方清怡的名气越来越大。杭州城里只要有小儿患病，大家都会不约而同地说："找方清怡，找他看保证药到病除！"

清怡医术高明，医德也好。患儿家属一传十，十传百，慕名前来请方清怡看病的患儿家属也越来越多，新宫桥河下的诊所生意越来越好。清怡萌发了开药房的念头，一边行医治病，一边制药卖药。

说干就干。清顺治六年（1649），方清怡选址清河坊，建造了方回春堂。"回春"二字是清怡自己取的，除寓意药号"再春"之外，也有"逢凶化吉，妙手回春"的美好含义，清怡希望自己的药号未来能够欣欣向荣，给杭城老百姓带来杏林之春。

方回春堂店堂内保留着一口古井，相传秘制小儿回春丸就是用此井水制成，十分的灵验、有效。古井原来位于大厅前的天井中，后由于几经扩建以及房屋的修缮，

方回春堂

古井现位于国医馆右边的柜台里面，依然完好。

鼎盛时期，浙江周边的安徽、福建等地都有方回春堂的分号。

二

方清怡医术高明，为人谦和，售卖的丸药、膏方质量上乘，药到病除。方回春堂逐渐成为杭州名店，上门的病人络绎不绝。每天天不亮，来自杭州城四面八方的病人就已经在方回春堂门口排起长队候诊。方清怡对待病人不问贫富贵贱，一视同仁。

那日东方刚露出鱼肚白就有人敲门。敲门声短促而急切。"来了来了！"管家赶忙披衣去开门，刚走到门边就听到屋外传来隐隐的哭声。甫一开门，只见一对夫妇站在门口，妇人怀里还抱着一个孩子。这对夫妇衣衫褴褛，他们见到管家赶忙跪下磕头："求求老爷救救我们家孩子吧！"

方清怡闻声赶来，让管家请进这对夫妇，问明病因。原来这对夫妇的孩子患了感冒，由于家境贫寒延误了治疗，不料夜晚孩子病情忽然加重，无奈之下只好来找方清怡。

方清怡请管家安顿好这对夫妇，自己接过患儿。只见患儿呼吸气急、口唇发绀。他轻轻掰开患儿的嘴巴，只见舌苔黄腻、咽部红肿。清怡见孩子母亲的情绪平复了些，便将患儿交给她抱住，自己则开始给孩子号脉。

给小孩子号脉与成人不同：一是孩子小，脉气未充，寸口部位狭小，难分寸关尺；二是小儿在临证时容易哭闹，每致脉乱而难以切按，所以给小儿诊脉有其特殊性。

南宋许叔微所著《类证普济本事方》曰："候小儿脉，当以大指按三部，一息六七至为平和，十至为发热，五至为内胀。"

这名患儿脉疾，且无力。方清怡当下诊断为邪毒内陷、心阴虚衰（类似西医的重症心肌炎）。他用加味参附汤治疗。取人参、附子、刺五加皮、葶苈子、红花，急煎服用。同时又为患儿施针进行针灸治疗。

三天之后，患儿转危为安，算是过了急性期。清怡将药方略作调整后又继续治疗了月余，患儿病情终于稳定下来。

孩子的病是治好了，但是治病的费用对于这对贫寒的夫妻来说真的不是一个小数目。夫妻二人东拼西凑也只凑足了一小部分医药费，费用的大头都由方回春堂负担了。患儿父母千恩万谢，方清怡却只是摆摆手说："治病救人乃医家分内之事，遇到患儿岂有不救之理。"

方回春堂的小儿回春丸是其龙头产品。一段时间之后，方回春堂作为中药铺在杭城的名气越来越大，其他各种精致加工炮制的中药饮片也紧随其后，层出不穷，使之名列浙江六大名药铺（即胡庆余堂、万承志堂、叶种德堂、张同泰、泰山堂以及方回春堂）。

除了行医和中药生意之外，方回春堂对药铺的环境氛围以及宣传活动也十分精通。

每到端午时节，药铺就会将丁香、檀香、白芷、豆蔻等中药香料放入袋中扎紧，制作"小儿辟瘟药袋"。

药袋有提神醒脑、驱虫防蛀、芳香开窍的功能。端午时节大人领着孩子到方回春堂的回春殿领药已经成为杭城的新民俗。

腊八节到了，方回春堂就会用煎药的铜锅熬一大锅腊八粥给市民免费享用。方回春堂的腊八粥用料讲究，在上好的大米里放进红豆、花生、莲子、百合、怀山药、茯苓、枸杞等多种药食两用的食材，精心熬制而成。方回春堂的腊八粥特别有名，品种丰富，还具有滋补养生的功效，深得附近百姓的喜爱。

在平常的日子里，方回春堂的回春殿常备养生茶供市民免费饮用。可别小瞧了这免费的茶汤，用料也是非常讲究的。春夏两季用的是六一散、青蒿、荷叶等组方，具有清热解毒、利湿消暑的功效。秋冬季节因为天气干燥寒冷，则换成决明子和苦丁茶，以用来清热降火、平肝明目。

三

杭城里方回春堂的每一家门店，都有一块匾额，上书"许可赚钱，不许卖假"。这是方清怡自创立方回春堂之初，就立下的祖训。

方回春堂的后人谨遵祖训，才使方回春堂这块金字招牌时至今日依旧熠熠闪光。从创立方回春堂那天起，方清怡就带领大家悉遵古方，精选各省道地药材，依法炮制门市饮片，虔修各类丸散膏丹，杜煎虎鹿龟驴诸胶，择料讲究，选工尽善。

据说方清怡立下的这条祖训也是有来历的。

那时候的方回春堂已经深得民心，大家有点小病小灾都会跑去方回春堂抓药煎服，还有不少病人是慕名而来的。医馆的生意十分红火，有不少药材常卖到缺货，让很多前来购买的人败兴而归，或者只能选择去别家店铺购买。

当时负责进药材的是一位王姓药师，看到馆内药材每天都供不应求，便动起了歪脑筋，心想再怎么样也不能便宜了别家。于是见财起意，拜托一个熟人运来了一批很次的药材，稍经加工和整理，便以次充好摆上了柜台。

然而次品就是次品。这批药材卖出去不久，就有人来反映药材的质量和疗效不好，跟以前的完全没法比，甚至有人吃了之后感觉身体不舒服。

这件事很快就传到了方清怡的耳中。清怡大怒！方回春堂从开张到现在还没出现过这样有损声誉的事情。他亲自出马彻查此事，结果发现是负责进药材的王医师拿便宜的药材以次充好，便果断地把王医师开除了。

事后方清怡还亲自登门，向那些买到次品的顾客道歉，并把一批质量甚佳的药材赠送给他们。这种做法使此次售假事件得到了大家的谅解。

这件事情之后，方清怡就立下了延续至今、深深铭刻在一代又一代方回春堂员工心中的祖训——"许可赚钱，不可卖假"。这条祖训让方回春堂的员工清楚地认识到，即使赚钱也要赚良心钱，卖药就要卖道地的好药。

方回春堂以"虔修各类丸散膏丹，杜煎虎鹿龟驴诸胶"为主营项目，膏方是其中重要的经营项目。

膏方，又叫膏剂，是一种根据中国传统医学整体观念和辨证论治的思想，由经验丰富的名老中医根据人的不同体质、不同病症开具处方，将中药材煎煮取汁浓缩后，加入上品阿胶、糖类等辅料制成的一种黏稠状半流质或冻状剂型药品。属于中医中丸、散、膏、丹、酒、露、汤、锭八种剂型之一。

近代秦之济所著的《膏方大全》记载："膏方非单纯补剂，乃包含救偏却病之义。"

根据秦之济的理论，"膏方者，盖煎熬药汁成脂液，而所以营养五脏六腑之枯燥虚弱者也，故俗亦称膏滋药"。

膏方进补盛行于江南民间，有"三九补一冬，来年无病痛"的说法。讲的就是膏方的作用。一料膏方，用药少则十几味，多则数十味，吃一个冬季，补一年身体。膏方注重调节人体阴阳平衡，用缓补之法调理，尤其是对一些疑难病、慢性病能起到很好的辅助治疗作用。从前，膏方只有达官贵人才能享用。如今膏方也渐渐走进了寻常百姓人家。

膏方历史由来已久。

在长沙马王堆西汉古墓出土的《五十二病方》中就已经有了关于膏方应用的记载。《黄帝内经》中也有关于膏剂制作和临床应用的论述。内服膏方是从汤药（煎剂）浓缩演变发展而来的，只要是汤剂治疗有效的，都可以熬膏服用。

东汉著名医学家张仲景所著，我国现存最早的一部论述杂病诊治的专书《金匮要略》中记载了大乌头煎和猪膏发煎。

东晋医家陈延之著有《小品方》，其中的单地黄煎是有记载的最早的滋补膏方，具有补虚除热，散乳石、痈疽、疮疖等热的功效。用一味地黄取汁，于铜钵中重汤上煮，煎去半，再用新布滤去粗渣，又煎，令如饧则药成矣。

到了唐宋，膏方的制作、使用方法有了新的进展。开始区分对于"膏"和"煎"的叫法。医家们把外敷药膏称为"膏"，把内服膏剂称为"煎"。这里的"煎"已与现代膏方的制作方法十分相似。比如《备急千金要方》中的"苏子煎""杏仁煎""枸杞煎"等。那时的膏方已经不仅仅用于治病，还开创了养生调理、抗衰老的先河。

金元时期，膏方治病的范围较以前扩大了许多。比如元代著名医家危亦林编撰的《世医得效方》记载用"生地黄膏"治疗渴证（即糖尿病）。

明代的膏方应用取得了长足的进步，无论是小型方书，还是大中型的医学书籍，都有关于膏方的专门论述。

清代膏方的发展就更加繁荣了，进入了成熟的高峰阶段，成为临床治疗疾病的常用手段。

民国初年，方回春堂便以十全大补膏、二仪膏、益母膏、阿胶膏、龟鹿二仙膏等众多膏方享誉江浙一带。时至今日，方回春堂传统膏方制作依然遵循古法，选购药材讲究道地，炮制药材十分考究。比如制膏必定坚持采用传承千年的膏剂工艺，采用百年铜锅，经浸、煎、榨、化、滤、熬、收几大流程。尤其是火候拿捏，"滴水成珠"的绝活，最见功底。所谓"滴水成珠"，是指拿筷子沾些膏胶，滴入冷水中，不迅速分散溶化，在水中仍保持圆珠状。

方回春堂出售的膏方包括两种，一种是十全大补膏等制剂，类似于现在的中成药。这类膏方很多药号都能制作，各药号之间区别并不明显。另一种是量身定制的膏方，也就是"一人一方"。这是方回春堂传统膏方的特色之一。

方回春堂量身订制的膏方，基本上不在药号里制作，而是提供上门服务，在顾客家里制作。在任何一个年代，方回春堂内部掌握这门工艺的师傅都屈指可数。

方回春堂的膏方制作技艺一直是以师徒言传身教的方式流传。在选择传人方面是非常严格的，制作膏方的方法非常复杂和细致。要经过浸泡、煎煮、沉淀、榨汁、滤渣、凝缩、收膏、装罐等步骤。膏方师傅的地位在药店里是比较高的，一般不称他们为师傅，而尊称为"先生"。顾客对他们非常尊敬。

膏方制作前，先由名老中医辨证施治后再开具处方。然后去请先生，跟先生约定制作时间。制作前，有专门的工人先把制作工具挑到顾客家中，先生则是自己去。膏方工具"挑担"跟剃头师傅的担子有点像，一头是凳子、药榨，另一头是很大的一个铜锅、火炉、竹签（搅拌时用）、竹铲和网筛等制膏工具。在顾客家里制作膏方的这些天里，按照传统，东家是要用好酒好菜招待制作膏方的先生的。

方回春堂的药疗效都很好，这也得益于方回春堂药材的道地纯正。如果不是道地药材，再好的名医也无计可施。"道地药材"的说法很耳熟，但究竟指的是什么呢？

"用药必依土地"出自药王孙思邈《备急千金要方》。这句话的意思是指药材要讲究原产地,这便是"道地"。一般说来,道地药材的特点包括产地适宜、品种优良、产量高、炮制考究、疗效突出,并且有很强的地域性特点。因为一旦药材改变了生长环境,药效就容易打折扣。如果必须要异地种植,就一定要有证据证明这种药材连续三代的疗效和原产地药材一致,这样的异地种植药材才可以上市流通。"药出州土"是药材的术语,亦是药材的精华所在。关药、北药、秦药、淮药、浙药、云药、贵药、川药、南药、广药这张药材板块分布图,在方回春堂员工的心中是被时刻铭记的。该是云药,就绝不会用广药。

好医德、好手艺、好药材为方回春堂带来了好名声和好口碑。正如方清怡创立药号的初衷,方回春堂延绵三百余年,给杭城百姓带来了杏林之春。

八十精神胜少年，登山足健踏云烟

一

清康熙五十五年（1716），袁枚出生于杭州钱塘东园大树巷。三十四岁那年，他在江宁购买了隋氏废园，并易"隋"为"随"，起名"随园"。辞官后的他对随园"一造三改"，把其改造成了集自然风景、人文景观于一身，清幽迷人、闻名一时的私家园林。

随园旧貌

自此，袁枚开始了悠闲的归隐生活，世称随园先生。

清乾隆二十年（1755）春，袁枚寓居苏州。随园有个叫作王小余的厨师患上了疫病，被发现的时候已经病得很严重了，几经治疗都没有什么用，最后气绝身亡。袁枚是个吃货，不仅爱吃，而且懂吃，身边少了一名好厨师，他自然很是难过。

正入殓，忽然从门外进来一人大喊："住手！"

袁枚定睛一看，哟，这不是名医薛雪嘛！

这薛雪可是大有来头！他是清朝康熙年间的进士，是著名哲学家叶燮的从兄弟，医术上与叶天士齐名。薛雪是因为彼时母亲身患湿热病，为了给母亲治病才学的医，所以他也是位有名的孝子。清乾隆初年，他两次被征召博学鸿词科，都没去，对仕途非常淡薄。"白版数行辞官府，赤脚骑鲸下大荒"，说的就是薛雪用他那缺少官印的"白版"书信断然拒绝了请他入仕的要求，他更情愿生活在广阔的民间。据《清史稿》的记述，薛雪工画兰，善拳勇，且博学多通。还著有研究温病学的专著《湿热条辨》和诗论《一瓢诗话》等。

袁枚见到薛雪登门，心里暗喜，悄悄同王小余的家人讲："这位可是大名医，没准小余有救了。"那时天色已晚，王小余家人听袁枚这样讲，赶忙请薛雪进屋，端来烛台并点亮，然后抬开棺材盖儿请薛雪诊病。薛雪举起蜡烛看了一眼躺在棺材里的王小余，摇摇头："唉，死了！"

"啊？"袁枚心里凉了半截，刚刚燃起的希望破灭了。"盖上吧，盖上吧！"袁枚指指棺材盖儿无奈地对王小

八十精神胜少年，登山足健踏云烟

袁枚与王小余雕塑

余的家人说。

"且慢！"薛雪举起手作出了一个阻止的手势，"袁先生，我薛某最爱跟疫鬼较劲了，说不定能斗赢也未可知。"袁枚看着薛雪，心想：真是个怪人。不过事已至此，请薛雪一试也无妨。于是袁枚对王小余家人说："把人从棺材里抬出来，请薛先生瞧瞧吧。"

王小余的家人一时间也有点不知所措，手忙脚乱地将王小余抬出棺材放到床上。但见薛雪不慌不忙从怀里掏出一个药丸，问："袁先生，你有石菖蒲吗？""有，有！"袁枚说着，请人捧来一株石菖蒲。"将石菖蒲捣碎滗出草汁，再将我这枚药丸捣碎与石菖蒲汁调和，给他服下。"薛雪说道。

袁枚立刻差人用石臼捣出石菖蒲汁，再加入药丸调和，捣成汤药。药好了，可是王小余早就没气了，身体僵硬，根本无法服药。

"袁先生，家里可有轿夫？"薛雪问。

"有，有！"

"请轿夫来，再找一副铁筷。用铁筷撬开他的牙齿，将药汁灌进去！"

两个力气很大的轿夫上前按照薛雪的方法做了。只看见王小余的喉咙动了几下，药是服了下去。可药效究竟如何，大家谁也不知道，只能在一旁静静等候。

当鸡鸣之时，"呼——"忽听得王小余出了一口长气。众人一惊，赶忙过去看个究竟，顿时惊呆了，王小余的眼睛居然微微睁开了！

"神医，谢谢您救我家人一命！"看王小余活了，他的家人扑通一声朝薛雪跪了下去。

"请起，请起！"薛雪上前扶起王小余家人，"病人现在还在危险期，你们好生看护着。"说着又将两粒药丸递给他的家人，告诉他们第二天让病人再服两剂药，即可痊愈。

第二天，王小余照着薛雪的方法又服药两剂，就真的从床上起身了。至此，随园上上下下无不称薛雪是神医。

薛雪医术虽好，但生性孤傲，脾气不小，尤不喜与达官贵人为伍。不过他与袁枚却是好朋友。袁枚与薛雪的相交，源于袁枚的一次染病。

那次袁枚生病，慕名前往苏州找薛雪求医。他乘船沿长江顺流而下，再转道运河，几经周折终于来到薛雪门前，却不敢贸然打扰。袁枚先差书童前去叩门，说明来意，不料薛雪却笑着迎了出来，两人一见如故，相见恨晚。他们一起谈诗文、聊绘画，甚是投机。经过薛雪的治疗，袁枚的身体好得很快，他对薛雪非常感激。过了几年，袁枚又病了，那时候薛雪已经七十高龄。听闻袁枚身体欠安，薛雪不顾自己年事已高，坐船到南京随园为袁枚诊治，并开出药方，药到病除。

袁枚、薛雪两人年龄相差三十五岁，地域相隔几百里，但却是至交好友，他们诗词唱和，可谓高山流水遇知音。袁枚曾作《病中谢薛一瓢》诗答谢薛雪，其中有云：

十指据床扶我起，投以木瓜而已矣。
咽下轻瓯梦似云，觉来两眼清如水。

对于袁枚的称赞，薛雪却说："我之医，即君之诗，纯以神行。"

两人友谊之深，非比一般。更令人感怀的，是袁枚在薛雪身后为其正名之事。

清乾隆三十五年（1770），薛雪与世长辞，享年九十岁。

听闻这个消息，袁枚难过不已。他不禁想起二十年前薛雪七十岁时在他的山庄举办的耆英会。那次来参会的都是江南名流。袁枚是耆英会里最年轻的一个。集会十余年后，袁枚写了一首诗回味那次盛会：

往日耆英会，曾开扫叶庄。
于今吴下士，剩有鲁灵光。

旧鹤还窥客，新秋又陨霜。
与公吹笛坐，愁话小沧桑。①

　　十余年过去了，当年耆英会的人没剩下几个了，只有薛雪、袁枚等人尚在。当年窥客的仙鹤，再也看不到那么多的客人了，而尚存的人，却还在不停地亡故，物是人非，令人悲伤。

　　薛雪的孙子薛寿鱼为祖父写了墓志铭。因为知道祖父生前与袁枚交好，就将墓志铭寄给袁枚向他讨教，并请其斧正。

　　袁枚收到信后迫不及待地拆开，可是读着读着袁枚的脸色越来越难看，读罢，他将信重重地拍在桌上，双拳紧攥，一下一下地捶在桌面上，口中喃喃自语："岂有此理，岂有此理！简直是舍神奇以就臭腐！将薛雪奉为理学家，在理学中未必增加一伪席，而方伎中则转失一真人啊。岂不悖哉！"

　　致使袁枚大怒的原因，是因为薛寿鱼写的薛雪墓志铭仅仅概述了薛雪的生平，并将他归于理学家的行列，并且"无一字及医"——完全没有讲到薛雪在医学上的成就。

　　袁枚立即拿出纸笔，洋洋洒洒地写下了《与薛寿鱼书》作为回信：

　　……子之大父一瓢先生，医之不朽者也。高年不禄，仆方思辑其梗概以永其人，而不意寄来墓志，无一字及医，反托于与陈文恭公讲学云云。呜呼，自是而一瓢先生不传矣，朽矣！……仆昔疾病，性命危笃，尔时虽十周、程、张、朱何益？而先生独

① 袁枚：《小仓山房诗集》卷十七《病起赠薛一瓢》（其四）。此诗作于清乾隆二十八年（1763）。

能以一刀圭活之。仆所以心折而信以为不朽之人也。虑此外必有异案良方，可以拯人，可以寿世者，辑而传焉，当高出语录陈言万万。而乃讳而不宣，甘舍神奇以就臭腐，在理学中未必增一伪席，而方伎中转失一真人矣。岂不悖哉！岂不悖哉！

这封信中，袁枚对薛寿鱼在为薛雪所作的墓志铭中竟然没有一个字涉及薛雪生前在医学上的重大贡献，反而写了很多讲论理学这一类的事情表示极度的不满与愤慨。

他用薛雪治好了自己曾经的重病为例，盛赞了薛雪在医术上的成就，并继续说道："医之效立见，故名医百无一人；学之讲无稽，故村儒举目皆是。"意思是说，医生看病马上能看到效果，讲究的是真本事，来不得半点虚假，"故名医百无一人"；而程朱理学讲的那些是否准确却也无从考证，"故村儒举目皆是"。

在袁枚的心目中，讲究务实的医术远比浮夸之理学重要，他认为医家治病救人的高超医术，比理学家那些空洞虚理更有经世济民之功。在当时那个注重理学、轻视方术的社会里，袁枚无疑是仗义执言的，表达了他对医学、医家的尊崇，以及对老友离世的悲痛。

薛雪的经典医案被袁枚记录在了他的《随园诗话》里。

儒医道结合，是我国文化史上独特的历史文化风景。《随园诗话》里记录了不少袁枚与同时代名医之间的诗词唱和与诊病医案。除了薛雪之外，还有袁钺、涂爽亭、王勋、赵藜村等，非常真实和生动，耐人寻味。

鲁迅先生说："袁枚的《随园诗话》，就不是每个帮闲都做得出来的。"①

二

《随园诗话》卷二中有清代文人曹庭栋（一作廷栋）的养生诗："废书只觉心无著，少饮从教睡亦清。"

曹庭栋七十五岁时写了《老老恒言》（又名《养生随笔》）五卷，这本书有很多独到之处。书中他主张养生要顺其自然，不可勉强求异；个体养生则要贯穿在日常生活起居之中，人云亦云要不得。他认为老年人养生，主要是养心遣兴，注重形神共养，仁者寿世。要关注身体的调理，脾胃是最重要的，因为脾胃是营养气血之源。在饮食方面，曹庭栋特别推崇喝粥养生。在他的书里有一百多种粥方。这本书非常浅显，却又很实用。

袁枚说曹庭栋隐居不仕，"自为寿藏，不下楼者二十年"。

袁枚是养生达人。从他的《随园食单》里可以看出，他与曹庭栋一样，都是"粥"的爱好者。

《随园食单》中有他对粥的论述："见水不见米，非粥也；见米不见水，非粥也。必使水米融洽，柔腻如一，而后谓之粥。"可以看出袁枚对粥的制作要求是非常严格的，水放多了不行，米放多了不行，火候差点也不行。熬粥是一门技术活，必须有耐性，否则熬不出美味的粥。他十分支持尹文端公②的观点："宁人等粥，毋粥等人。"粥熬好后，上面有一层粥油，黏稠，形如膏油。粥油有补中益气、健脾和胃、益寿延年的作用。

《随园食单》中有"鸡豆粥"的做法："磨碎鸡豆为

①鲁迅：《鲁迅全集》，人民文学出版社，2015年。
②即尹继善，曾任两江总督。

《随园食单》书影

粥,鲜者最佳,陈者亦可。加山药、茯苓尤妙。"鸡豆就是芡实,俗称鸡头米,是常用的中药,亦是食物。其性平,具有健脾止泻、补肾固精的作用。

袁枚对烹饪的研究很深,不仅仅体现在熬粥上。在《随园食单》中,专门有一节是用来讲述做饭烧菜的火候的。袁枚的理论是,烹饪最要紧的就是掌握好火候。做不同的食物,用不一样的火候。比如煎炒是旺火,不然炒出来的食物就软;煨食必须用温火,不然煨的食品就干;如果是要收汤的,那就是先旺火再温火。他还举了很多很详细的例子,比如腰子、鸡蛋之类越煮越嫩,而鲜鱼、蚶蛤煮的时间长了就会老。猪肉熟了,马上就起锅,能够保持色泽红润,晚一点儿都不行,会发黑。而鱼对于火候就更讲究,起锅晚了的话,"活肉变死"。最好吃的鱼肉应该是"色白如玉,凝而不散"。还有如果烹饪时打开锅盖的次数多了,烧出来的菜多沫而少香;如果做菜途中将火灭了再烧,做出来的菜就"走油而味失"了。类似的说法还有很多,不得不说,在烧菜这件事情上,袁枚可真是讲究啊!

除了喝粥,好好吃饭之外,袁枚的养生方法还有很多。他曾说:"不求药,不求仙,只求还我当初美少年。"

袁枚的身体一直不错,挺硬朗,但是在六十四岁那年却大病了一场,痊愈后他写了一首诗,叫作《病后作》:

> 天不轻作秋,一雨一回凉。
> 人不容易老,一病一颓唐。
> 我年六十四,今春犹聪强。
> 上山不嫌高,坐夜不厌长。
> 有时逸兴发,跳跃如生獐。
> 人皆笑此翁,童心犹未忘。
> 无端秋一疟,吾精竟消亡。
> 揽镜不相识,栾栾瘦异常。
> 加餐辄腹闷,多言复气伤。
> 仿佛傅玄言,欲舍形高翔。
> 回思春日健,并未隔千霜。
> 如何我羡我,已作两人望。
> 始知将尽灯,不可使扇扬。
> 又如将落叶,何堪风再戕。
> 寄语衰年人,寒暑宜周防。

从诗里可以看出他当时真的病得挺严重的:拿起镜子一照,竟然瘦得自己都不认识自己了。东西吃多了,肚子就发胀,话讲多了,人就喘不过气来,跟要死了一样。但他想起生病前的那一个春天,身体还是很强壮的,听力非常好,筋骨也好,居然可以做到"上山不嫌高,坐夜不厌长"。人怕比,更怕自己和自己比。想到自己不如从前,便思虑万千了。他觉得自己这次生病这样严重,归根结底的原因在于"我羡我"——意思就是自己过于关注自己身体本身的保健，却放松了对身心的保健。这次生病让他意识到，年纪大了，身体真的就像缺油的灯和少叶的树，必须好好保养。从这次生病之后，袁枚的自我保健便越来越有规划了。

在他的诗文中也不难窥到他的养生秘诀——心情愉快、劳逸结合、积极向上、处世豁达等。此处摘抄一些例子加以说明。

袁枚有一首诗叫作《书所见》，诗是这样写的："人生行乐耳，所乐亦分类。但须及时行，各人自领会。"意思是，行乐有各种各样的方式，但要及时，而且每个人的理解和爱好不同。

把袁枚的很多诗对照起来看会发现他特别注重劳逸结合。如《喜老七首》（其六）诗中云："宴客必张灯，吟诗尚留稿。或栽雨后花，或铲风中草。"另有《偶成》（其三）云："闲扫萧斋静扫蝇，修行何必定如僧！幽兰花里熏三日，只觉身轻欲上升。"在《遣怀杂诗》（其一）中，他写道："一笑老如此，作何消遣之？思量无别法，惟有多吟诗。"袁枚也是睡眠达人，很推崇睡觉，如果他感到疲劳就会美美地睡一觉，他曾说："一起百事生，一眠万事了。"

《喜老七首》（其六）有这样一段："嫫母不知丑，西施不知好。我亦将毋同，八十不知老。"《八十自寿》（其一）中又写："潇洒一生无我相，逢迎到处有人缘。桑榆晚景休嫌少，日落红霞尚满天。"这些诗句都体现了袁枚良好的心态和积极向上的精气神。尤其是《老行》一诗："老行万里全凭胆，吟向千峰屡掉头。总觉名山似名士，不蒙一见不甘休。"老当益壮、志在必得的气概跃然纸上。时人蒋夔是这样称赞老当益壮的袁枚的：

"八十精神胜少年，登山足健踏云烟。"

《书所见》一诗第一首结尾处，他写道："七十苟从心，逾矩亦何妨！""七十"和"逾矩"并不是袁枚的首创，而来自孔子的"七十而从心所欲不逾矩"。原本的意思是，人到了七十岁就能做到随心所欲，但又不会做出格的事。袁枚却明确表示，如果七十岁还能做些事的话，即使打破一些惯例，又有什么关系呢？对于袁枚来说，"逾矩"之事就是写诗。他在《遣怀杂诗》中谈及自己作诗是这样说的："譬如将眠蚕，尚有未尽丝。何不快倾吐，一使千秋知。"可以说《随园诗话》中绝大部分作品都是基于这一心理写成的。

《随园诗话》中所载录的医学史料和养生之道，可补中医文献学的阙如，弥足珍贵。

庵前有茶亭，永春擅伤科

一

在萧山戴村，流传着一门医治骨伤的百年技法，骨伤病人上门求医，医者以"搓、整、稳、运、治、调"六法将骨位复原，再敷以止血消肿的独门膏药，以中药汤剂活血舒筋，骨伤病人百天可愈。

《萧山县志》（1987年版）记载："（茶亭伤科）清同治九年（1870），由永春和尚主持，历时百余年。"

清道光十二年（1832）一天的清晨，浙江台州一个山村的石匠家里传来了婴儿的哭声。婴儿哭声响亮，像一道光一样让这个清晨瞬间明亮了起来。"添丁了，添丁了！"石匠家里喜气洋洋，忙不迭地出门向左邻右舍报喜。

这个山村里绝大多数人都姓柳，柳是大姓。柳石匠家里祖祖辈辈都是老实巴交的石匠，也从未离开过这个小山村。石匠妻子怀抱着儿子，仰起脸问石匠："给儿子取个什么名字好呢？"石匠打开门，看到门口的溪流，溪水清澈，潺潺地流向远方。在这个山村里住了那么多年，石匠从未想过这条溪流是从哪里流淌过来的，只是分外钟爱它。无论开心还是忧伤，石匠都喜欢在这条溪流边站一会儿，似乎这潺潺的流水可以洗去忧伤，荡涤烦恼。"要不就叫柳溪吧。"石匠从小溪处收回目光，扭头看向妻子，"希望他能像这条溪流一样给人带来愉悦，最好也能像溪水一样，长大后能够流向远方，可别像咱俩一样，一辈子窝在这山沟沟里。"妻子略一思忖，点点头。她拍着怀中的孩子轻声说道："我们有名字啦，柳溪，小柳溪……"

转眼柳溪到了读书的年龄，石匠夫妇将他送到了私塾。聪明的柳溪品学兼优，看孩子是块读书的料，石匠夫妻咬咬牙，在柳溪私塾毕业后勒紧裤腰带又把儿子送到一所学堂。日子一天天过去，柳溪越长越壮实，虽然学习一直不错，可柳溪总觉得自己的兴趣似乎不在读书上，而他也越来越有跳出小山村去外面的世界看看的冲动。一天，柳溪回到家里对父亲说道："爹，我想出去学艺。"

"你想好了？"父亲问道。

"想好了。"

石匠点点头，确实，这个并不富裕的家庭也快供不起柳溪读书了。

就这样，柳溪离家来到了数十里外的一个小集镇。至于学什么，柳溪其实并没有想好。一日，柳溪在集镇上闲逛，一块"专治跌打损伤"的招牌吸引了他的注意。他快步走了过去，只见一位白发苍苍的老者正在给人治病。老者留着长长的银须，神情专注地在为病人推拿。柳溪站在门口看了老人很久，他觉得这个手艺挺有意思，想起自己父亲上山采石常常被石块压伤的痛苦，他觉得如果他学会了这门手艺，就可以回家给父亲治病。于是柳溪走到老人身边开口道："老人家，我想跟您学习，请问您收徒弟吗？"

老人像没听到柳溪讲话一样，一声不响，继续给病人治疗。过了好久，老人为病人做完了推拿，一抬头看到柳溪还站在原地。老人依旧没有回复柳溪的要求，自顾自做起了自己的事情。时间一点点过去，柳溪站在门口没有离开的意思。老人轻轻叹气，放下手中的事情开口问道："孩子，你站了这么长时间，累了吧？"

少年柳溪见老人开口，忙说："不累，我不累。老人家，我能拜您为师吗？"

"天下路有千万条，你我素不相识，你为什么要跟我学医？"老人问道。

"我父亲是石匠，我们村子里绝大部分人是石匠。他们平时常常受伤，我看您会治病，想跟您学了手艺回去给我父亲、给乡亲们治病，让他们少受点苦。"柳溪回答道。

老人深知学医是不能有浮躁之心的，必须沉下身子静下心。起初他故意不理睬少年柳溪，就是这个原因，想看看这年轻人有没有耐心。没想到少年柳溪丝毫不计较老人的态度，又说出如此诚恳的话语，医者仁心，老人在心里默默地认下了这个学生。

老人的学识十分丰富，医术也很精湛。他不仅擅长医治跌打损伤，而且对诊治病疽疣赘等都非常在行，所以到老人这里来看病的人的症状是各种各样。来看病的时候是个个愁容满面，经过老人治疗之后，都是开开心心地满意而归。柳溪看在眼里，记在心里，跟在师傅左右，学习非常勤奋。

看到柳溪勤奋好学，师傅也非常高兴，认为自己没有看错人。于是老人从里屋拿出了一大摞医书交给柳溪，并说道："这些医典是五十多年前我的师傅留给我的，你拿去好好学吧，学会了，将一生受用。"柳溪毕恭毕敬地接过这些书，从此之后，他昼夜诵读这些书，做了很多笔记。尤其对《跌打损伤集》二册，柳溪非常感兴趣，便将这两本书中的内容抄下来带在身上，一有闲暇时间便拿出来学习。

一天清晨，柳溪起床后，发现师傅在后院习武。但见师傅拳腿兼施，疾如风，猛如虎。柳溪一时间看得入神。师傅知道柳溪在一旁看，却也不管他，一套拳打完，老人边整理衣衫边向柳溪走去。"师傅，早！"柳溪毕恭毕敬地向师傅问安。"想学拳？"师傅问道。"师傅，我想学。"柳溪老老实实地说。

"那你要记住，习武一为强体，二为防身，三为惩恶。千万不能有恃无恐，炫耀张扬，更不许肆意伤人。你若能做到这几点，我便教你。"老人认真地说。

"师傅，我能做到。"柳溪答道。

从那之后，除了学医，柳溪又开始跟着师傅学习武术。从晨曦微露到夕阳西下，无论寒冬腊月还是酷暑烈日，柳溪习武从不间断。几年过去，柳溪练就了一副好身手。

日复一日，年复一年，一晃二十年过去了。柳溪已经从满脸稚气的少年，长成了身强力壮、精通岐黄、擅长武术的男子汉。清同治六年（1867），柳溪跟师傅提出想回家看看年迈的双亲的想法，师傅欣然应允。小山村的乡亲们听说柳溪回来了，带着家中病患蜂拥而至。柳溪一一为乡亲们看病，分文不取。

那一日，柳溪正在给人看病，忽然听到村口有人大喊"救命"，便停下手中的活儿，站起来往村口一看，发现有四五个面目狰狞的男人正在对一个年轻人拳打脚踢，那个挨打的年轻人被打得满头是血。柳溪一个箭步冲了出去。"住手！"柳溪大声喊道。那几个打人的人就像没听见一样，依旧对年轻人拳打脚踢。"光天化日之下，怎能行凶？"柳溪对这伙人的恶行实在是看不过去了，于是大声制止。

"打死他，像打死条狗，关你屁事！"为首那个人向柳溪吼道。

"是不关我的事，但就算这个人做错事了，也应该让官府来处置他。你们人多势众打他一个人，就是不应该！"柳溪义正词严地说道。

"哟，你小子真爱管闲事啊！"那个为首的人将脸凑到了柳溪面前，恶狠狠地对柳溪说道，"你看看我是谁，你给我记住我这张脸。这地盘上还真没人敢对我说个'不'字。我看你小子真是不知道天高地厚啊！你小子想要管闲事，先吃我一拳。"说着，他一把抓住柳溪的衣领冲着柳溪的脑袋就是一拳。

柳溪挨了一拳，并不还手，仍然以好言相劝："打人总是不对的，要是出了人命，就不好了，你们还是快住手吧！"

几个打人的看柳溪还在劝说，便一齐拥了上来："你小子爱管闲事，就让你尝尝爱管闲事的滋味！"那四五个人围住柳溪，拳脚相向。柳溪本不想还手，只是左右躲避着，步步退却。那几个打人的看根本打不到柳溪，恼羞成怒，竟然捡起木棍朝柳溪头上和身上打去。柳溪血气方刚，哪里忍得了，终于出手，三下五除二就将这几个人打趴下了。不过大概是柳溪下手有点重，其中有一个人伤势过重，不治身亡。这群人中有个人为此报了官，衙门于是贴出布告缉拿凶手。柳溪见状，怕连累父母，便也没有回家，奔走一夜，离开了台州地界。

离开台州后的柳溪，东躲西藏，不敢在某地长期逗留。前几个年头里，他常常是在这里做做工，到那里讨讨饭，走了很多地方，历经了千辛万苦。清同治九年（1870），柳溪辗转来到绍兴（那时萧山属于绍兴地界）。

古城绍兴，商贾云集，尽显繁华。萧山戴村后溪人汤怡林，贩卖土纸、锡箔，经常往返于萧绍之间。见过怡林的人都觉得这人有些怪异，无论天气冷热，头上都要戴一顶帽子。原来怡林很多年以前头顶长过疮，导致头顶多处皮肉溃烂，头发脱落。这些年怡林也是找了很多大夫看病，无论是正规大夫还是赤脚郎中，能找到的，怡林都找了，药也吃了很多，却总也不见好。为了看这病，怡林花了很多钱，却依旧没有半点起色。久而久之，他也死心了，认为这病是治不好了，于是他就开始常年戴一顶帽子，为的就是遮住头上的疮。

这一天，天气特别炎热，太阳当空照，怡林实在热得不行，就找了一处阴凉的地方，摘下帽子凉快凉快，喝口水，准备歇一会儿再赶路。正在此时，一个衣衫褴褛，用帽子遮住大半张脸的中年男人朝怡林走了过来，男人看了看怡林头上的疮疾，问道："你头上的疮长了好久了吧？我可以治好。"

怡林这些年可没少见过说能治好自己头顶疮的人，可是谁都没有治好过。他看看眼前这个叫花子一样的中年男人，心想：就你这邋遢样儿，还能治好我的病？多少名医都没治好呢，没准就是个江湖骗子！想到这里，怡林客气地说："我头上的疮很多年了，很难治的，谢谢你的好意。"

怡林认定这邋里邋遢的中年男子是个江湖骗子，于是戴上帽子打算就此离开，以免被骗子缠上。不料这男子向前一步拦住了怡林："我知道你头顶上生的是什么疮，我有办法给你治好。我不是骗子，不会骗你的钱。我只是看你痛苦万分，想帮助你罢了。为你治病，我不收钱。"听他这么说，怡林慢下了脚步，心里也觉得这个男子并不像坏人，便点头应允。

就这样，怡林带着这男子到了自己下榻的客栈，男子先给怡林清理了头上的创口，由于天热，好多地方都已经溃烂发炎了。清理完毕，男子说："我去附近山上采些草药来，你等我。"大约过了半个多时辰，男子回来了，带回来了很多草药。但见这男子将草药捣烂，细细地敷在怡林的头上。怡林只觉得头上一阵清凉，疼痛减少了许多。之后，男子将手洗净，开始开药方。男子将药方交给怡林道："就按照这个药方去抓药吧，七帖一个疗程就能见效。"

两天后，奇迹出现了！怡林头顶上的疮口溃烂处停止了流脓。四五天后，烂掉的地方开始结痂。第七天，结的痂开始脱落，长出了红润的新肉，疮口在慢慢收拢。男子依旧每日给怡林敷药，一个多月以后，怡林的头顶逐渐长出了细密的头发。怡林觉得自己真的遇到神医了，说什么都要付钱给男子。男子坚决不收，一再强调："我是看你病痛难忍才给你治病的，不是为了钱。你这钱我肯定不收。治病救人是行医之人的分内事，你就不要再给我钱了。"怡林见状也就不再勉强，千恩万谢之后，留下了自家的地址，邀请男子今后一定到他家中做客。

怡林住在萧山后溪。他回到家中就跟家人说他在绍兴遇到个神医，妙手回春，用采来的中草药治好了自己头顶的疮。家人看到怡林头上新长出来的头发，也就相信了他说的事。怡林的好多朋友一时间都没有认出长了头发的他，那些曾经为怡林看过病的大夫，也连呼不可思议。

那个为怡林治好头顶顽疾的邋遢男子便是柳溪。那一年年底，柳溪按怡林留下的地址，一路问来，来到后溪怡林家中。怡林看到柳溪十分高兴，就将他介绍给街坊四邻。柳溪妙手回春治好怡林顽疾的事情一下子便传开了，四野八乡的人纷纷赶到后溪找柳溪治病。柳溪医术很好，懂得的药理也很多，他从来不拒绝给慕名而来的病人治病，而且分文不取。治病的草药都是柳溪自己去附近山上采来的。给人治病的这段时间，柳溪一直住在怡林家，转眼便到了除夕。

后溪一带有习俗，过年时东家是不能留宿外人的。怡林本想同柳溪商量，让他先到外面住几天，等过完年再回来，但这话怡林无论如何都说不出口。正在为难之时，怡林记起来离家不远处有个寺庙叫作静修庵，这个寺庙有时也接纳外面来的人住宿。怡林于是来到静修庵，对住持说："我家有个外地朋友，想在庵里借宿几天，一过完年我就来接他回家。"住持也懂当地习俗，便答应了。怡林回到家中，对柳溪说："附近有个静修庵，你先去住几天，过完年我马上去接你回来。"柳溪也明白怡林的想法，便同意了。

就这样柳溪住进了静修庵。第二天早上，柳溪在帮助庵内和尚清扫庭院的时候，发现静修庵前有青山，后有绿水，庵内庵外古木参天，竹影婆娑，非常幽雅静致。这些年来，柳溪为躲避衙差缉捕，一直过着颠沛流离、居无定所的日子，现在一下住进了这么幽雅的佛门净地，竟喜欢上了这里。在征得静修庵住持同意后，柳溪落发为僧，号永春。

《萧山县志》（1991年版；来裕恂著）记载萧山有十三位名僧，永春和尚为其一。

过完年，怡林去静修庵接柳溪回家居住，却见柳溪剃去头发，身披袈裟。怡林非常惊讶，问道："柳溪你怎么当和尚了？"柳溪说："我在外漂泊那么多年，应该有个自己的住所了。这个地方我一来就喜欢上了，非常好，也很合我的心意。托你的福，我才有了今天的机缘。"怡林听柳溪这样一说，也就明白了，他终究也是希望柳溪能有个安稳的去处的。

为怡林治好顽症的神医到静修庵当和尚的消息不胫而走。一时间，赶到静修庵找永春和尚看病的人络绎不绝，各种各样的病人都有，病也是五花八门。

义桥有一个人，小腿骨跌断，断骨戳出皮肉外面。他先去找了一个很有名气的伤科郎中。那郎中一看伤势那么重，赶忙摆手，表示无可救治。家人于是将他抬到静修庵。但见永春和尚不慌不忙，先用中草药为断骨和皮肉消炎、止血，然后用手法把断骨揿进皮肉、接准断骨，并让伤者连服半个月中药，待皮肤长合后，贴上自制的膏药。三个月后，断骨完全愈合，伤者可以下地劳作，断腿也没有留下任何后遗症。

还有一个从诸暨来的病人，他从山崖高处摔落，手骨、腿骨、肋骨多处断、碎，口吐鲜血，内脏也有损伤。家人抱着一丝希望，将伤者抬到静修庵投医，同时也做了最坏打算，准备好了后事。永春和尚见状迅速开出药方，让病人喝下汤药，先止住内脏出血，然后将断骨接正、碎骨复位，贴上膏药，施好竹制夹板。因为伤者不能移动，永春和尚就让其住进庵内，每日精心疗理。一百天之后，伤者居然可以脱离拐杖下地行走了。就这样，永春和尚治骨伤的医技名声远播，声誉日隆。

静修庵门前道路，是七都山里十余个村及富阳灵桥、大源等地到戴村、临浦、河上店的必经之路。路正中有一茶亭，建于清雍正六年（1728）。途经此地的挑夫、行路者经常在此歇脚。自从永春和尚在静修庵行医，茶亭便分外闹猛。因为方圆百十里的骨伤病人到永春和尚那里看病，都是坐轿而去，静修庵院子里每天停满了轿子，有时不得不停到庵门口的道路上。一顶轿子两个轿夫，病人在里面就医，轿夫就坐在茶亭里休息。病人多的时候，轿夫在茶亭里一坐就是半天一天的。如此一来，这茶亭就成了永春和尚行医场所的代名词，"茶亭伤科"的叫法就是这样来的。哪怕是绍兴、诸暨、富阳的骨伤病人去永春和尚那儿看病，也必说"去茶亭"。从此，茶亭伤科名扬四方。

后来怡林将自己与柳溪交往的事讲给自己的家人和孙辈听。他的曾孙汤纪文曾口述永春和尚到茶亭行医的故事，被记录在《百年茶亭》一书中。

二

永春和尚跟随师傅学医二十年，师傅将自己的医术倾囊相授。尤其是手抄《跌打损伤集》二册中所录近百个中药处方，医治跌打损伤效果卓越。这当中的很多处方里，多次出现"三服立效""服之即效""应验神效"等注脚。

永春和尚在临证中，非常重视因病施治，对不同跌打损伤的对象采取不同的措施。例如，在接骨上臼时，病人会感到非常疼痛，永春和尚往往先给病人喝一杯冰糖茶水，再进行接骨，这样就能有效地防止病人出现虚脱。对于年纪较轻的骨伤病人，永春和尚认为病人血气旺盛，只需捏搓断骨，将其接正，外敷膏药即可；而对年老或体衰的跌打损伤病人，永春和尚在接正断骨、外敷膏药的同时，还让其服丸药或中草药汤，以补气血不旺之忧。对断骨穿破皮肉的跌打损伤重症患者，永春和尚对消炎除毒是非常看重的，每次看病都务必剔尽表面污物，然后接骨，待表皮结痂，再在创面撒一些经过醋浸火煅的古钱末和中药末，或外贴自制膏药，再以竹木或树皮绑扎固定。对内脏出血的跌打损伤重症病人，永春和尚必须先让病人服用止血的中草药汤，并以去头尾的童子尿冲黄酒送药。

永春和尚对于秘制的丸药、膏药的配方一直守口如瓶，从不外传。但他所用药材却都是确保道地纯正的，有些中药价钱昂贵，虽然从药理和性能上也有别的中药可以"平替"，但永春和尚绝不用替代品。有些中药缺货，永春和尚坚持自己上山采挖，在高山岩缝中寻觅。对丸药和膏药的用药量，必是斤准量足，绝不短缺，以免降低药效。丸药和膏药的熬制工艺流程繁复，如骨伤膏药熬制之前，必须先将中药碾碎成末浸入麻油中，冬季气温低，须浸两个月，夏季气温高，也要浸一个月，永春和尚严格遵循时效。中药浸入麻油之后，必须用桃树枝条时时搅拌，永春和尚必用桃枝，绝不用其他枝条代之。膏药煎成后，放入盆、缸中，永春和尚就亲自以风扇之，将之冷却，这样出来的膏药非常有光泽，然后用布包裹好埋入地下或沉入深井三年以上的时间，一般来说五年是最好的，这样可以彻底去掉火毒，提高功效。整个流程，永春和尚必一丝不苟。

永春和尚不仅医术高明，医德也非常高尚。他铭记师傅训言："怜恤天下穷苦人。"凡是贫苦人家求医，永春和尚不收诊金，少收药费；对真正的赤贫者，则不收药费，完全是免费医治。有些远道而来的贫困求医者，因为路远，当天不能回家，永春和尚就免费留宿，还提供一日三餐给他们吃，饭菜和永春和尚自己吃的一样，并没有任何的差别。

静修庵门前路上的茶亭，一天到晚憩息的人很多。有一些是抬着骨伤病人到茶亭伤科求医的轿夫，还有一些是在七都山里进出的挑夫。永春和尚看到这些轿夫、挑夫每天都气喘吁吁、大汗淋漓的，心里非常难受，于是他拿出十一亩庵田设立茶汤会，由专户人家烧水供茶，让在茶亭歇脚小憩的轿夫、挑夫喝茶解乏。永春和尚要求专户人家每天从早到晚必须不间断地提供茶叶，水喝完了要及时补充，茶汤淡了要及时更换茶叶。有时他还担心烧水供茶的专户人家不能达到以上几条要求，就经常亲自去检查茶水质量。

《萧山县志稿》（民国二十四年铅印本）记载："静修庵，在孝悌八都。清光绪乙亥僧柳溪重建。庵前旧有茶亭，柳溪捐田十一亩为施茶之费。"

在茶亭憩息的轿夫、挑夫，穿的都是草鞋。一双草鞋在石子路上走了十几里路，就会磨通鞋底。永春和尚深知赤脚在石子路上抬轿挑担，很容易伤脚，就买了一些新草鞋挂在茶亭的柱子上，让穿通鞋底的轿夫、挑夫换双新的草鞋。静修庵门前这条路，是进出七都山里的要道，走夜路的人也很多，同时，有些在茶亭伤科求医的人看完病已经很晚了，也须走夜路回家。永春和尚想：夜里在高低不平、坑坑洼洼的路上行走是很不安全的，要给个亮光才是。于是，永春和尚在茶亭里挂了十来盏油纸灯笼，走夜路的人可以点上一盏，照着回家。

当时的浦阳江上没有桥。茶亭伤科在浦阳江南面，江北面的人到茶亭伤科求医，都得坐摆渡船、付渡资，这无形中增加了病人的经济负担。永春和尚向临浦、义桥渡船埠头捐田，让江北到茶亭伤科求医的人免费摆渡。

清同治九年（1875），永春和尚重建静修庵。静修庵重建落成后，永春和尚完善其周边交通设施，加宽了庵前道路，修缮了茶亭。七都溪北面的后溪，有永春和尚两个知心知交的朋友：一位是汤怡林，永春和尚深知，要是没有相遇怡林，也就不会有今日的茶亭伤科；另一位是丁浩川，丁浩川出身中医世家，擅治各种疔毒恶疮，两人多有切磋交流。但后溪和静修庵被七都溪隔着，往来须绕道远行。清光绪二十六年（1900），永春和尚提出在七都溪上修建一座桥，丁浩川连连称好。两人约定由永春和尚出资购买建桥石料，丁浩川出资给付建桥人工费。这座桥建成后取名广义桥，意为情义广远长久。

《萧山县志稿》（民国二十四年本）记载："后溪桥，在开明乡。光绪廿六年僧柳溪、丁浩川募建。"

永春和尚在古稀之年收静修庵长工瞿迪甫为徒，传授其骨伤医技。清光绪三十四年（1908），永春和尚圆寂，终年七十六岁。弥留之际，他将弟子瞿迪甫叫到跟前说："茶亭的医业你已接上，定要好好传承，茶亭的医德亦有上乘口碑，定要弘扬不息，切不可毁之。"

永春和尚的葬礼上，人山人海，四乡八邻的人都来焚香顶礼，祭祀医僧。

三

茶亭伤科从创立至今，始终注意延续祖传的正骨经验，坚持"总体辨证、手段修复、杉皮定位、上下兼治、筋骨兼顾、动静融合、功能训练"一整套的综合防治骨折方式，使茶亭伤科正骨术成为中医骨伤的重要学术流派。

骨伤科诊断中，手法的地位很关键且运用广泛。如骨折、脱位的整复，内伤的行气活血、舒筋通络、通利关节都需要应用手法，尤其是对骨折、脱位。正骨手法是治疗损伤的主要方法，在治疗中起着非常重要的作用。如果没有手法治疗，纵有灵丹妙药亦无法纠正其错位或畸形。有些损伤虽以药物治疗为主，但仍需手法治疗辅助，否则难以根治，如筋腱强直、屈伸翻转不利等。有些损伤虽可单纯用药物治疗，但如果配合手法治疗则可提升疗效。在伤筋的手法治疗方面，虽文字记载不详，但师徒相传，经验十分丰富。用手法治疗损伤，是以口授心传的方式传承的。茶亭伤科复位的基本手法有"摸、接、端、提、按、摩、推、拿"八法，称为"正骨八法"。

药物疗法亦是骨伤科重要的疗法之一。

在用药疗法方面，茶亭伤科不但有大量的汤剂、丸散膏丹等良方妙药，同时也有大量的外用药和单方验方。对正确应用内治法的重要性，茶亭伤科也早有认识，如《圣济总录》记载："人之一身，血荣气卫，循环无穷，或筋肉骨节，误致伤折，则血气瘀滞疼痛，仓卒之间，失于调理，所伤不得完，所折不得续。"及时采取正确的治疗措施，才能取得良好的治疗效果。

瞿迪甫继位茶亭伤科第二代后，收年仅十八岁的静修庵住持阿有和尚为徒。此后因战争，永春和尚留下的亲笔手稿《跌打损伤集》二册骨伤秘籍被日军烧毁，瞿迪甫受惊吓而逝，阿有和尚继位为茶亭伤科第三代。后来阿有和尚还俗，取名陈德谊。陈德谊于1988年去世，终年七十四岁，其长子陈锦昌继位茶亭伤科第四代。

目前，茶亭伤科运用中医、中药、手法整复、夹板固定、针灸、推拿、穴位注射、牵引疗法、小针刀等方法，在治疗跌打损伤、骨折脱位、骨质增生、脊柱炎、颈椎病、腰椎间盘突出症等多种劳损疼痛性疾患中独树一帜。

富春江畔过，大医救苍生

一

"东梓关在富春江的东岸，钱塘江到富阳而一折，自此以上，为富春江，已经将东西的江流变成了南北的向道。"① 这是郁达夫笔下的东梓关。东梓关村是富春江沿岸的一座古村庄，上接桐庐、建德，下承富阳、杭州主城区。东梓关码头在富春江南岸，是欣赏富春江水的佳地。历史上，东梓关就因一条江和一个码头而繁盛。

距离富春江畔的东梓关大约五公里处，有两座遥相对应的大山，一座因形如古甑而得名"甑山"，另一座则因东汉申屠氏结庐隐居于此而被称为"屠山"。这两座大山之间，有一个古老的村落，名叫屠山村。后来，有族人认为"屠山"之名杀气太重，因此提议将"屠"改为"图"，寓意奋发图强。自此，"屠山"之名被雅化为"图山"，山中古村落也依据南高北低的地势，被分成上图山和下图山二村。

从码头上岸向南五公里，便到了位于天子岗脚下的上图山村。天子岗是东吴大帝孙权的祖父孙钟的葬母之地，山水风貌独树一帜。站在上图山村抬头看去，四周

---

① 郁达夫：《东梓关》，载《她是一个弱女子》，浙江文艺出版社，2020年。

有峦，绕如矮墙，富春江美似碧玉带。环山襟水，山水辉映，山山水水被薄雾轻纱覆盖着，若隐若现。而孙吴血统，王者遗风，却早已深深融入后世子孙的骨髓灵魂，一股帝王豪气隐隐袭来。

上图山在富阳、桐庐两县交界之处，山中古木参天，坡上庄稼满地，村落连绵不断。走进上图山村，青山绿水，男耕女织，彼此之间和睦亲近，大家安居乐业，像极了陶渊明笔下的桃花源。

江山如画，一时多少豪杰。遥想当年，百姓之中，冲锋陷阵、骁勇善战之士灿若星河。

东梓关和上图山相距五公里。东梓关自明洪武十九年（1386）起设置巡检司，直至清亡，历朝不替。巡检司的主要任务，是执掌训练甲兵、巡逻州邑、擒拿盗贼。旧时富阳地区常年设置的兵营，仅有东梓关巡检司一处。一旦发生战事，力量太弱，不足以成事。因此，民间以武举、武生员为骨干加强训练，以补充兵力。甚至有族规规定，一家若生两个儿子，必须一个学文、一个学武。可见当时富阳练武风气之盛。

习武者多，难免磕磕碰碰，甚至伤筋动骨，故此地自然兴起骨伤科。根据宋代著名外科医生陈自明的理论，伤科的形成和"下甲人"不无关系。所谓"下甲人"，是指那些从事士兵、拳师、武僧等职业，同时又懂医术的人。他们既能舞剑弄枪，也能正骨疗伤，往来于民间和军营。这些人的医术基本上来自家传，具有武功治伤与正骨特色，在医药界别具一格。旧时的正骨大夫，多擅长武功，而擅长武功的师傅又多能正骨。

探究其中原因，主要有两个：一是操练武功的人，平时容易受伤，时间久了，就熟悉救治方法；二是凡做正骨医生的，必须身强力壮，才能牵引错位，整复骨折，所以平素要多练习武功，让自己身强力壮。这两者互为因果关系，练功是正骨医生必做的功课。富阳著名的张氏骨科早期的几代传人都习武、练功。

上图山村山林资源异常丰富，只消上山一走，各类草药几乎应有尽有。较之周边村落，这里的习武之风更甚，懂得三拳两脚者比比皆是。习武多了，身上难免有些伤痛，跌打损伤也是家常便饭了，于是略懂伤科的人也不在少数。以东梓关为核心，方圆十里出现了二十多家中医世家，其中上图山村著名的有这几家：

陈家。陈品华、陈品一兄弟俩医术高超，以治疗出痘、天花一类传染疾患见长。医术、医风在远乡近邻中口碑上佳。

詹家。七代郎中，医风代代相传，至詹云熹一代，对治疗伤寒一科已相当精熟。与富阳骨科张家交往甚笃，相互传授医学专长，双方多有得益。

柴家。科班出身的柴云连以内科诊治独树一帜。常与张家相互切磋，肝胆相照，取长补短，多无保留。

张家。张家治疗骨伤的独特医术闻名乡里。创始人张永积及其后代张士芳、张清高，一路行来，耕读传家，积德行善，尚武交友，谦虚好学，与左邻右舍和睦共处，有口皆碑。

因为医家会聚，所以各地前来上图山村求医者络绎不绝。

二

上图山这一支张氏家族源自山东，其始祖为挥公，相传是弓箭的发明者，曾任弓正之职。张氏血脉因此就在冥冥之中注入了一种尚武的因子。

北宋靖康年间（1126—1127），在宋高宗赵构南下的护驾队伍中，有一位名叫季烈的张氏后人，因护驾有功而被任命为杭州提刑副使。然而南宋王朝一度被卖国求荣的秦桧把持，致使大批爱国志士纷纷辞官隐退。这位提刑副使张季烈也因得罪秦桧，而辞官隐居到了金华浦江。后世将这位富有节气的先祖季烈公，尊为宋时张氏迁居江南的始祖。

宋末元初，季烈公的次曾孙张芳又从浦江迁来富阳，在常安东山下落户。这段跨越数千年的漫长历史，于民国二十五年（1936）被一位名叫陆春蓉的乡贤，用"其世系之由来，自黄帝第五子挥公居禹州清河，至周而受姓张氏，起历秦汉晋唐宋等朝"这样一段极为简练的文字，浓缩在了《富春常安东山下张氏宗谱》的谱序之中。在陆春蓉所撰的谱序中，随后又这样写道："宋时，季烈扈驾南渡，官杭州提刑副使，触忤奸桧，辞官居金华之浦江县，至季烈公之次曾孙芳，由浦江迁居富春东山。"

从此，张氏后裔便在富阳常安东山下扎根，并向周边的横溪、西山、屠山等乡村发散开来。

张氏家族骨伤医术在这块历史渊源极其深厚的风水宝地上汲取着营养，像一棵参天大树，枝繁叶茂，郁郁葱葱。医术代代相传，故而精进，也自在情理之中了。

与中医骨伤科大多数流派一样，张氏骨伤疗法源自习武之家。清咸丰二年（1852），金秋十月，五谷丰登，六畜兴旺。村中一幢老屋之中，一个大胖小子呱呱坠地。张世琰中年得子，喜出望外，举起儿子高声叫道："好小子！看这块头，将来保准又是一条响当当的汉子！"祖父张永积笑眯眯地吸着旱烟袋，接口道："只是不可像你小时候那样贪玩懒功、惹是生非便好。"

张永积精明且强悍，从小习武，功夫很深，在当地是名气很大的拳师。他能文能武，见识很广，而且有一整套专治跌打的药方，平日里就经常为左邻右舍及村中百姓开方治病。《张氏族谱》明确记录了张永积习医治病，尝试"割股"手术，为其大舅母治愈腿疾顽症的事例。由此可以认定张永积是有文字记载的张氏骨伤专科第一代传人。

长孙出世，永积心下大悦，当下取了名字，叫士芳。从辈分上看，上图山村的张氏家族排到这儿正是"士"字当值；而从寓意上看，取一个"方"字，要的就是四四方方、四平八稳，这样才能脚踏实地，让人放心。当然，张永积对于这个孙儿的期待，绝不仅仅是希望他的一生脚踏实地、平平安安就够了，他还盼望着孙儿能够在继承自己医术的基础上开基立业，干出一番流芳千古的事业来，所以最终"方"字上又加了一个草字头，成了"芳"字。后来的事实证明，长孙张士芳的出世，不仅使绵延千百年的张氏香火在上图山得以延续，更使张永积努力开创的骨伤医术终于后继有人。而张永积本人也因此成为富阳张氏骨伤专科的开山始祖。

张士芳小名唤作朗生，长到五六岁时，便开始习练拳脚功夫。大概是祖上遗传，他有着极好的悟性，几种拳脚套路一学就会。七八岁时，已把祖上传下来的五虎、四门、天罡、地煞等几套拳术套路习练得滚瓜烂熟，与小伙伴在一起比武时，几套拳法连环使出，打得虎虎生风，让人眼花缭乱。有时他练拳练到开心畅快的时候，便索性擅自把那几套拳路混在一起重新编排自由组合，居然也少有破绽，一套长拳打完，面不改色，气不长喘。除此之外，张士芳还是个有心人，他从小跟着祖父张永积，祖父给人治病时，他就在旁边默默看着、听着、学着。久而久之，家传的那几张秘方早已被他牢记于心。

这个时候，张氏骨伤正骨技术在当地已小有名气。

三

上图山村隔壁桐庐县深澳横溪地界，出了一名著名拳师，姓周，名双成。周双成生得虎背熊腰，一副天生的习武身架，刻苦用功、耐力超群，刀枪棍棒、各式拳路无不精熟，练就了一身上乘功夫，称雄一方，难遇敌手。他曾追随少林武功高手学武三年，武艺精进，钻研医术，治病救人，方圆百里都知道他。

周双成比张士芳年长十一岁。周双成见张士芳外柔内刚，功夫医术皆有修为，加之为人敦厚，谦恭有礼，十分合自己心意。两人惺惺相惜，亦师亦友。双方互相交流了不少拳法、医方，各有所得，皆大欢喜。张士芳十分珍惜这次机遇，将平日里习武行医之中碰到的所有疑难问题，和盘托出，一一请教。周双成爱才心切，用心扶持，有问必答。张士芳用心记忆，事后又立马将周双成所传武功、医术做成笔录，放在案头反复琢磨，悉心领会。张士芳有心讨教，周双成有意成全，每次相见，张士芳总有所得，数年之间武功、医术皆有长进。

张士芳英年得志，功夫冠绝群伦，为人处世光明磊落，加入了当时名震江湖的"兄弟会"。他急公好义，广施善缘，深得人心。他博览古医书，精心研读《仙授理伤续断秘方》《救伤秘旨·跌损妙方》等骨伤科专著。同时，他行走江湖，悬壶济世，广交朋友，切磋医术，并采各家之长，悉心钻研，逐步形成了属于张氏的医术和医道。

张士芳为百姓治疗跌打骨伤，主要有三大法宝，除了正骨手法之外，还有就是用来绑扎、固定骨伤部位的"杉树皮小夹板"和有着活血化瘀疗效的"百草膏"。这两个疗骨法宝是从张氏的祖上流传下来的。

19世纪，西方人发明了石膏固定疗法来治疗骨伤，此法曾被誉为19—20世纪伟大的医学发现之一。石膏可塑性强，可依据病人损伤部位的形状随心所欲地进行变化塑形，因此有利于整复的伤骨重新愈合生长。但石膏固定法也有一个明显的缺陷，因为骨折初期会出现血肿，用石膏将整复的骨折部位固定后，过段时间消肿了，石膏内部就会产生较大的空隙，骨折部位仍有可能再次发生移动错位，导致畸形愈合。对此，骨伤科专家普遍认为，只要有三分之二的骨头对接上，就算是理想的骨折治疗了。但事实上，对于自身重新塑形能力较差的成人来说，这仍然会留下神经压迫、肌肉萎缩、常年疼痛，乃至畸形愈合、功能障碍、难以行走等不良后果。

早在唐代蔺道人所著的《仙授理伤续断秘方》中，就已有一种更为科学有效的伤骨固定技法，那就是用杉树皮夹板来固定骨折复位后的患肢。书中还记载了杉树皮具有味辛、性温的特点，可活血化瘀，利于上下关节活动，促进伤骨愈合。显然，用杉树皮夹板固定，比石膏固定具有更好的韧性、弹性、可塑性和透气性，轻便、舒适、价廉，患肢恢复效果也更加理想。

在清代名医钱秀昌的《伤科补要》中，也有关于用杉树皮做小夹板的记载。钱氏文中提及整复断骨之法时云："先用代痛散煎汤熏洗，将其断骨拔直相对，按摩平正如旧。先用布条缚紧，又将糕匣木板修圆绑之，又将布条缠缚，再将杉篱环抱外边，取其紧劲挺直。"其中"糕匣木板修圆绑之""再将杉篱环抱外边"，正是张氏正骨疗法中"杉树皮小夹板"的先驱。

杉树皮夹板具有许多其他辅料无法比拟的特点和优势。杉树皮便宜实惠，而且松软适度，又可随意切削变形，用着方便，更重要的是"天人合一"。不少植物与动物之间天生就有一种和谐共处、互生共存的内在联系。有些植物不宜与人亲密接触，但有些植物不仅可以与人亲密接触，还可以与人朝夕相处。杉树这种植物与人类相处特别亲密，与人们的日常生活有着千丝万缕的联系，

《伤科补要》书影

非一般树种可比。这种极其微妙的内在联系里蕴含着一种奇特的生态学信息。这种良性信息可以促进人类伤病的康复。这一原理与运用中草药治病从开始慢慢渗透到人体，到最后清除病根使人彻底康复有着非常神秘的内在联系。

难怪张氏家族历来对杉树怀着那么深切的感情。

在用杉树皮夹板固定整复的骨伤部位之前，张士芳还会视病人的伤情，在其受伤部位敷上一种百草膏。百草膏是张氏祖传的秘制膏药，熬制而成。最早的配方里有一百三十多种中草药，所以被称为"百草膏"。但当地百姓习惯称之为"大膏药"。那些伤势较轻的患者，比如只是手脚扭伤，没有伤及骨头的，只消贴上一张百草膏，很快就恢复了。

百草膏的煎制主要有三道工序：第一道是百草煎制，第二道是添加广丹等芳香类药物，第三道是炼制成膏。煎制过程中特别讲究火候和添加草药的顺序，太老则不黏，太嫩则药淌。在上图山的张家祖屋中，有一间专门用来制作百草膏的房间，一般都在夜间作业。按照张氏太公传下来的规矩，这个制药间不但不允许女子入内，就连张家的普通男子也不能随便进入，只有当家的族长认为将来会有出息的那几名后辈子孙，才有资格出入这间颇为神秘的小屋。

四

光阴似箭，转眼到了清光绪十五年（1889），张士芳喜得一子。他继承祖上遗训，崇尚耕读传家、医武济世，期望将儿子培养成清白堂正、造福乡邻的济世之才，遂为儿子取名"清高"，小名阿毛。

张清高从小天资聪颖，且武学、医术样样精通，所以深得父亲张士芳的器重。清高从小在父亲身边长大，父亲的言传身教让他受益匪浅。张士芳把自己的毕生所学全都传授给了儿子，为小小年纪的清高打下了扎实的武术和医术基础。到了上学年纪，张士芳又将儿子送进了上图山的一家私塾去求学。

这家私塾是由上图山著名的医学世家詹家开办的，私塾的授课教师就是闻名方圆几十里的内科中医师詹先生。进入詹家私塾后，张清高如鱼得水，在先生的悉心教诲下，如饥似渴地学文习字，进步神速，对《三字经》《千字文》《礼记》等诸多儒家经典论著几乎都是过目成诵。

更为难得的是，张清高对医学知识所表现出来的浓厚兴趣和极高天分，让詹先生赞赏不已。看到张清高年龄虽小也能"攻医读书夜不眠，灯油燃尽劲犹添"。他便毫无保留地将詹家的独门内科医术倾囊传授给了这个好学的孩子。为了同时提高弟子的医术和医道境界，詹先生还让张清高从小诵习唐代医圣孙思邈的《备急千金要方·大医精诚》，理解并牢记"凡大医治病，必当安神定志，无欲无求，先发大慈恻隐之心，誓愿普救含灵之苦"等道理。

就这样，张清高从小立志要将家传医学绝技发扬光大。他无论身在何时何处，药箱从不离身，随时准备救死扶伤。足迹到处，一路行善。除却富阳本地之外，他在桐庐、新登、诸暨、萧山等近邻地区也颇负盛名。张清高脚力甚健，不怕跑腿。只要病人相求，不问远近，无论农闲农忙，他立即背起药箱飞身上路，绝不拖泥带水，延误病情。在民间流传着一些有关张清高行医的故事，不管真假，都饱含着老百姓的真情实感，姑妄听之。

有一年冬天,大雪纷飞,寒风凛冽。张清高沿江而下,来到太平村附近,当时天色已晚,已经没有到江南岸的渡船。正当他犹豫之时,眼前忽然出现一名乞丐,乞丐笑眯眯地对张清高说:"阿毛郎中,你不认识我吧?我认识你。你是个好人,给我治过伤,还留我吃饭歇夜。我是个穷讨饭的,付不起钱,你不嫌我,还肯治病留宿,我这辈子也忘不了。天已黑,过不了渡,你就住在这里吧。"

张清高看过无数病人,在他家留宿过的病人及家属难以计数,哪里记得起眼前这位仁兄?但张清高走南闯北惯了,毕竟见多识广,胆子又大,更念那乞丐一脸诚恳,便一边与他攀谈,一边随他而去。

两人来到一个简陋的草棚面前,低头钻了进去。环顾四周,空空如也,只有东南角上有一堆稻草,铺得厚厚绵绵、松松软软的。中间一条破被,破洞百出,棉絮外露,显见生活异常艰辛。张清高暗暗思忖:今晚只好在此将就一宿了。正思量时,却见乞丐从稻草堆里摸出一只叫花鸡,请他享用。张清高不好意思白吃人家的主食,坚辞不受。见他不吃,乞丐面露不悦。他自顾自掰下一条鸡腿,撕下一块肉塞进嘴里,一边狼吞虎咽,一边劝道:"我晓得你有点不放心。不要紧,干净的。快吃吧,还有点温温热呢。"

恭敬不如从命。张清高奔走半天,本就饥肠辘辘,见乞丐诚恳如斯,若再客气,反倒显得不识好歹了,便与他一起分享了这一美味。吃饱之后,张清高因奔波了一天,有点累了,倦意袭来,打算与那乞丐一起和衣睡在草窝里过夜。乞丐却说:"阿毛郎中,你是贵人,千万不可睡草窝,受了风寒,倒是我的罪过了。刚才跟你说着玩儿,你别当真。走,我给你找一户好人家,让你睡个囫囵觉。"

乞丐边说边在前头引路，将张清高带到了一大户人家。只见乞丐与那当家人如此这般一番说辞之后，主人家就热情迎候，对张清高敬重有加。这一夜，主人家将张清高待为上宾，让出一间上等厢房供这位名医住宿，锦缎厚被，温软异常。张清高来时已有倦意，此时却辗转反侧，睡意全消。刚才情景历历在目，一幕一幕反复重现。夜深人静，万籁俱寂，横竖睡不着，张清高索性翻身起床，披衣站起，踱到窗前，打开后窗，赏雪观景，遥想心事。窗外，淡月照雪，银光满眼；远山朦胧，广袤无边。张清高思来想去，感触良多。

世道人心，复古为上。老祖宗留下多少为人处世的良言遗训，传到后人手里，发扬光大者又有几何？穷则独善其身，达则兼善天下。其实自己顶多是个草头郎中而已，居然受到这个乞丐如此礼遇。他心中非常欣慰：即使乞丐，也懂得人情世故，感恩回报。

后来张清高多次向儿孙提起这段奇遇，意在让儿孙谨记祖训，世世代代要与人为善，切莫损人利己、徇私纵欲，做那些有违良心法纪的蠢事。张清高治家甚严，规矩颇多，家风严谨，医风整肃，违规必究。张家虽有三子三脉二十六口之众，却是四世同堂，众口一镬，尊卑有序，鼎盛非常。

张清高文武双修，为乡间奇才。他急公好义，在处理乡间事务中颇有威信，加之他在正骨疗伤方面医术高超，一时间，慕名前来求医问药、拜师学艺、结交朋友的人络绎不绝。

五

当时民间百姓向名医求医问药,都会有一些不成文的规矩,比如:病患无法亲临来请医师出诊者,必须派出兜轿来抬,以显示对医者的敬重;患家若是经济拮据,拿不出钱财银两,至少得奉上吃食或其他物品,断无让医师白看之理;等等。老实说,这些规矩于情于理并不过分,都是患者及其家属自愿为之。但也有真正怀慈悲恻隐之心,不问贵贱贫富,以治病救人为本的仁心医者,是不在乎这些规矩的。比如已在上图山行医三代的张氏家族,就一直坚守着病患至上的原则,他们广施仁术,普救疾厄,为了治病救人甚至不惜牺牲自身利益,渐渐地形成了张氏一门自有的行医新规:同行相敬,步行出诊,免费看病,食宿相赠,一视同仁。

同行相敬。有同行的村,他不出诊。同行们都在为生计而行医,相互之间要讲究行规,不能只顾自己而有损别人。

步行出诊。有的病人不能上门就医,有些同行就让病人家属用兜子、轿子来抬自己去出诊。张清高认为家有病人,本身已经很艰难,再要求他们来抬自己去出诊,这从道义上说不过去,故出诊都步行。

免费看病。同村的不收钱,湖源山里人不收钱,困难人家不收钱,其他的"郎中包"随送,不论多少。

食宿相赠。十里外的病人来看病,都要给他们提供膳食且不收膳食费。这是张清高善待病人的一个旁证。不仅供饭,路更远的,不能当日回家的,还提供住宿。

一视同仁。对病人只看病,不问其贫富贵贱。病人是不分高低贵贱、贫富尊卑的。在张清高眼里，不管是穷人还是富人，生了病就是一种痛苦。

张氏骨伤的这几条祖训，与孙思邈在《备急千金要方·大医精诚》中表达的核心价值观不谋而合：

> 凡大医治病，必当安神定志，无欲无求，先发大慈恻隐之心，誓愿普救含灵之苦……勿避崄巇、昼夜、寒暑、饥渴、疲劳，一心赴救，无作工夫形迹之心。如此可为苍生大医。

> 夫为医之法，不得多语调笑，谈谑喧哗，道说是非，议论人物，炫耀声名，訾毁诸医，自矜己德。偶然治瘥一病，则昂头戴面，而有自许之貌，谓天下无双，此医人之膏肓也。

富阳张氏骨科从创始人张永积，到第二代传人张士彬、张士芳，再到第三代传人张清高，第四代传人张绍富，第五代传人张玉柱，历经一百五十多年，从医家诚心救人的理念出发，在救人急难的实践中，逐步形成了"整体辨证、手法整复、杉皮固定、内外兼治、筋骨并重、动静结合、功能锻炼"为特点的骨伤诊疗体系，传统正骨手法独特，中医特色明显。

第四代传人张绍富单独坐堂那天，父亲张清高嘱咐道："从今往后，你要记牢，一定要把每一个病人都当作自己的至亲骨肉、兄弟姐妹来对待。这样，你才会去精心对待每一个病人，才会得到病人的信任和尊重。"

医者理也,药者瀹也

一

清咸丰三年(1853),太平军占领南京。

也正是这一年,吴师机为了躲避战争,奉母命,和弟弟吴官业携家人到了江苏泰州东北乡俞家垛。

吴师机即吴尚先,名樽,又名安业,字师机、尚先,晚年取坡仙遗意,又署杖仙,别号潜玉居士,浙江钱塘(今浙江杭州)人。他出身于文学世家,除了擅长诗文之外,对医学也精通。

清道光十四年(1834),吴师机中举,为候补知县,第二年要去北京参加考试,因为身体不好,所以就没有去应试。就是从那个时候开始,吴师机逐渐对功名仕途失去兴趣。他同父亲一起"寓居于扬(州),诗文之外,兼学为医",从此踏上了"不为良相,便为良医"的道路。他专心研究医术,熟读各类医书,《灵枢》《素问》《伤寒》《金匮》,只要是能找到的、能读到的医书,他都尽力地去学习、钻研。

战乱时期药物资源是非常缺乏的。"干戈未靖,乡村尚淹。"江苏一带气候潮湿,导致疫病愈发盛行。江南一带的农村有沤田的习惯,到了春播时节,当地的农民一般都在水里耕作,久而久之痹症的发病率也非常高。另外,因血吸虫病导致腹部鼓胀的患者也特别多。除这些之外,民间还有很多其他的疾病。当地百姓贫病交加,却没有就医的能力,或者有医方而得不到药物。看着百姓痛苦不堪的样子,吴师机打算用自己所学技艺行医济贫。

跟底层民众在一起生活的经历,使吴师机养成了体察民情的习惯。他在实践中观察到"膏药多验于穷苦之人",因为他们"一则无力延医,信任不得不专;二则平时不服药,故也"。于是他就开始注意搜集民间外治方经验,参阅历代医籍资料,寻找更加简便易行的治疗办法,开创了用薄贴(膏药)治疗内外各种病症的先例。

吴师机把目光投向了农民、手工业者这些社会底层的贫苦人。他认为这些人群靠体力劳动生存,比如农民,一年到头都在田里耕作,他们收入不高,没有钱去看病买药,更重要的是,他们也没有时间去看病。像农民这样,是看天吃饭的,可能去看一次病就耽误了一天的活儿,继而影响了一天的收入。吴师机认为,对于这些贫苦老百姓来说,药物便宜、施药方便是最重要的。他说:"余施诊专以膏药为主,因贫人购药为难,膏药则更便也。"

"便",是吴师机首先考虑的问题。他说:"夫人非甚病,谁甘日服苦水,况奔走劳役,亦无暇计及于此。"正是因为他意识到了这点,所以指出:"盖穷民非独惜钱,并惜工夫也。"出于这样的原因和需求,用膏药和简便易行的外治法治疗疾病,省时省力还省钱。吴师机下定决心,推广外治之法。

吴尚先雕塑

中医外治法，有着悠久的历史。尽管起源已经很难考证，但是从文献记载、出土文物以及社会发展规律的分析来看，可以追溯到远古时代。远古时代在外劳作的人，经常会因为天气的变化外受风寒，导致发热、头痛、畏寒以及浑身酸痛等不适症状。因为怕冷，人就会自然而然地靠近温暖的物体，或者生火取暖。有些因寒而病的人经火热之气烘烤后，周身出汗，病很快就好了。在野外生存觅食过程中，免不了发生从高处坠落受伤，或者被蚊叮虫咬，甚至被猛兽咬伤的情况，这时就会用树皮、草茎捣烂嚼碎后涂在伤口上，这对减轻伤口的疼痛，加快伤口的愈合也有着一定的作用。更不消说腰酸背痛时，用石块或者树枝轻叩、拍打或者揉、按、摸、掐等，也有缓解症状的功效。这些由劳动人民在生产生活中自发形成、完成的诊疗措施，事实上是可以被看作中医外治法最初的萌芽的。从这个意义上来讲，中医外治是远远早于内治的。

吴师机用膏药敷贴治病，发现膏药治疗的功效并不亚于汤药，而且更加简便、廉价而且实用。

二

江南水乡水系纵横，百姓常常走水路出行。一日，一名船娘正准备举篙撑船，忽然寒风袭来，船娘抬起的手臂突然放不下来了，稍一动弹就感到钻心的疼痛。无奈之下，船娘家人扶着船娘找到吴师机求治。

吴师机问明病情，微微一笑，起身去灶间倒了一碗醋对船娘说："来，先把这碗醋喝了。"船娘将信将疑，可是胳膊又实在疼痛难忍，于是端起醋，仰脖一饮而尽。

"好，请随我来。"见船娘将醋喝完，吴师机将船娘领到一间空的房子之外，打开房门让船娘进去。"这里有一张方桌，你就在此地围着方桌跑步，不要停。"说完，吴师机便走出房间并将房门带上。约莫半个时辰，正当船娘汗流浃背之时，吴师机轻叩房门："请脱下上衣，继续跑步。"

船娘听此话，百思不得其解，心想：怎么治病还要跑步，还要脱衣？不过想想反正这屋中也没有什么其他人，到底还是治病要紧，便顾不上羞涩，将上衣脱去继续跑步。此时，房中突然蹿出一男子，啪的一声，在船娘肩上贴上一张膏药。船娘大惊，忙以双臂遮挡胸部，那只放不下的手臂竟然奇迹般地复位了。

此事一传十，十传百，大家都称吴师机为神医。吴师机对病人随到随治，自己每日应诊，又请了高手专司摊药。远近求诊者每日数百人，深受广大群众的欢迎。

吴师机曾自叙："每日自辰至戌，来诊者不以时限，随到随给（膏药），人咸乐其便。"

经过长期的临床实践，吴师机的外治方法日臻完善。他在医疗实践中研制出百余张膏药方应用于各种疾病，为外治法扩充了丰富的内容。他治病虽以薄贴（膏药）为主，但同时也辅以敷、熨、熏、浸、刮罐、按摩等外治手段。

有一年春天，来了一位六十多岁的老人。老人已经不能走路了，是由他的两个儿子抬着到俞家垛杨家巷吴师机这里来看病的。见状，吴师机让两个抬着担架的年轻人将担架放在地上，自己蹲下身去向老人询问病情。老人告诉吴师机，他两腿膝关节疼痛难忍好长一段时间了，现在已经无法伸直，连走路都成了问题，在床上已经躺了两年多了。吴师机点点头说:"老人家不必着急,您这病,能治。"吴师机诊断老人是患了风湿性关节炎,并为老人敷了膏药。几天之后,老人觉得膝盖不痛了,特别开心。吴师机同老人说:"老人家,不着急,等再调理半个月,保管您能下地走路。"果然,经过半个多月的精心调理治疗,老人居然真的可以下地走路了。老人家和两个儿子对吴师机千恩万谢,说:"从来没想过在床上躺了两年还能走路的,而且治疗方法又那么简单,外敷膏药就可以做到。"问及诊疗费,吴师机摆摆手,就给免了。

像这样抬着来走着回去的,或者呻吟着来欢笑着回去的病例,比比皆是。

早在《黄帝内经》中就记载了以桂心等渍酒熨寒痹,用白酒和桂涂风中血脉的做法。到了清代,在吴谦等编修的《医宗金鉴》中,也有了类似万应膏、红珠膏等膏药的方剂。吴师机在前人经验的基础上进行创新,在诊疗范围上进行了扩大,在用药灵活性方面进行了优化。就这样,来找他看病的人越来越多,吴师机觉得看病的空间有限,打算将自己的住所进行改造,以便收治更多的病人。于是他腾空了自己的三间大房,专门用来看病。自己和家人们搬到了旁边的小房间。他还在院子里搭了凉棚,种植了一些树木花草,每日清晨,孤院老树,很静也很香。春夏秋冬,日出日落,由于吴师机治疗特色鲜明,疗效卓著,家门口总是人来人往,求医问药的人从四面八方赶来。吴师机就这样年复一年地忙碌着,他在江苏泰州东北乡俞家垛的这七八年,治疗了数万人。

三

清同治三年(1864),吴师机将自己多年研习医学、治疗疾病的心得写成了一本书——《理瀹骈文》。关于这本书的题目，也有来头。一开始书名叫作《外治医说》，《理瀹骈文》是之后改的名。书名系来自《子华子》中的"医者理也，理者意也，药者瀹也，瀹者养也"，主要是表明"外治亦有理"之意。又因为这本书用的是骈文体裁，故更名为《理瀹骈文》。

"外治之理，即内治之理；外治之药，亦即内治之药，所异者法耳。"《理瀹骈文》这本书里收录了贴、敷、洗、

《理瀹骈文》书影

点等外治法百余种，收录外治方一千五百多个，主张"变汤剂为外治，实开后人无限法门"。书中列举了清代名医叶天士"用平胃散炒熨治痢，用常山饮炒嗅治疟"的事例，说自己用外治薄贴（膏药）医治内病就是从叶天士那里得来的。吴师机博采古籍，益求其精，对内病外治的制方遣药、用药原理、作用途径、敷贴部位及穴位等方面，都作了较为系统的理论阐发。他提出"凡汤丸之有效者，皆可熬膏"。结合临床经验，他构建了在理、法、方、药等方面较为完备的中医外治法的学术体系。

吴师机通过自己的临证经验与众多患者应用后的效果说明，膏药与汤剂有着相同的疗效，只要"用之得法，其响立应"，不必拘泥于非内服汤药不可。尤其对于肠胃吸收功能不好的老年人，以及怕苦不肯吃内服药的小孩子，外敷膏药是最合适不过的了。另外，还有一些急症的病人，由于病情突发，病势发展迅速，病情危急，吴师机认为"汤丸不能一日数服，而膏与药可一日数易"。外敷膏药的优势就在于不受身体某个具体部位和某个特定穴位的局限，尤其不用有中药内服"致伤脾胃"等不良反应的顾虑。这便是"外治"的优势。在外敷膏药的时候，每一个针灸穴位和身体的相关部位都可以同时贴，如此这般，"症虽重，得此分杀，其势其病亦减"。

事实上，这也是对于中国古代医学辨证法的继承与运用。

《理瀹骈文》是吴师机唯一的医学著作，第一次刻印于清同治四年（1865），先后再版七次。全书分为四大部分，有正文，有夹注，理、法、方、药一应俱全。这部中医外治学专著的问世，标志着中医外治法学术体系的建立。

四

清同治四年（1865），太平天国都城天京（今江苏南京）被清军攻陷。吴师机重返扬州城设立存济堂药局，依旧以膏药给老百姓治病。同时他又集资在北乡公道桥建立书塾，教乡民识字习文。

吴师机大半生的时光都是在民间行医中度过的，对象不分贵贱，治病不限时间。大概是经历过战乱，看见过老百姓特别是底层民众艰难困苦的生活，他似乎更愿意把自己的医疗技术用在贫苦大众身上。他常常到一些偏僻穷苦的边远山区，免费为当地百姓治病。

吴师机常常"合药施送，以救目前穷人之疾苦"。他凭精湛的医术和高尚的医德受到老百姓的爱戴和尊敬，他那不大的屋子里挂满了被他治愈的病患们送来的牌匾。

除了深谙膏药，吴师机同时也精通养生之道，而他的养生方法也是简单易操作的。例如人们每天的刷牙、洗脸、洗脚和梳头发等行为，一般来说都被认为是为了个人卫生。吴师机却指出，除了清洁之外，这些行为对养生也是大有裨益的："人体十二经脉气血皆过于面部而行头窍，洗脸可和气血，升阳益胃，三条阴经通足趾，洗脚可以温通下肢血脉，刷牙可坚骨质，梳头可疏血脉散风。"如果遇到一些小毛病，则可以自治："痛则搓揉，痒则抓挠。养生亦要顺乎自然规律。"他曾风趣地说过："看不见遮一层（眼镜），走不动拖一根（拐杖）。"此外，他还特别注重心情舒畅，如果心情不好怎么办呢？他认为可以去看看花，听听曲。

清光绪十二年（1886），一代外治宗师吴师机魂归道山。

他曾说:"一人生死,关系一家,倘有失手,悔恨何及?"

医者理也,药者瀹也

戒欺铺就百年路，仁术妙方庆余堂

一

杭州城里阜康钱庄有位安徽绩溪来的小胡，生得一双四面八方都照顾得到的眼睛，加上一张常开的笑口。小胡夏日里常常穿一件白色棉布长衫，洗得干净挺括，里面是纺绸小褂裤，脚上白竹布的袜子，玄色贡缎的双梁鞋，衬得人精神而清爽。那日里小胡代钱庄收回五百两银子的贷款，就借给王有龄做上京谋官之用。王有龄感激之余，微有窘色地问道："小胡，还未请教台甫？"

"我叫胡光墉，字雪岩。"

民国七年（1918）冬天的一个深夜，芝园上空火光冲天。卧室雪白的帐子燃起了熊熊大火。原本芝园是有为防火灾而准备的灌满水的大铜缸的，无奈着火时为寒冬腊月，水缸里的水已经全部冻成了冰。好好的宅子被烧得破败不堪，仅存门口轿厅一间。后来着火这一天成为胡家的"家难日"。每年此日，全家人都吃素，年年如此。

后来胡雪岩的孙媳妇戴泳霓每念及当年那场大火，

始终感到"火里好像掺了油似的",怎么都扑不灭,只能任由其熊熊燃烧。在她看来,这场火灾非常蹊跷,怕是和家产争夺的纠葛不无关系。

清光绪九年(1883),胡雪岩与洋商在生丝生意上的抗争以失败告终,资金陷入困境。彼时又遭清廷官吏竞相提款。这一年的十一月,京、沪、杭、甬以及苏、闽、鄂、湘等地的阜康钱庄全部倒闭,宣告破产。次年,为归还清廷皇族、刑部尚书、协办大学士文煜的存款,胡雪岩将胡庆余堂的全部财产抵给文煜。

芝园是胡雪岩家的后花园,光听这名字,就极风雅。"芝园"二字是为了纪念胡雪岩的父亲胡芝田。芝园景致迷人,结构紧凑,内有影怜院、荟锦堂、洗秋院、锁春堂和延碧堂。庭院深深深几许,芝园曾被杭城老百姓视为神秘的所在。即便胡家遭遇了变故,但因为家底丰厚,所以生活条件在当时的杭州也算是极好的了。但是对于胡雪岩的子孙们来讲,却已经是恍若隔世。

二

关于胡雪岩创建胡庆余堂,历来有两种说法。

一种说法,是"一怒而建"。

据说这年胡雪岩的夫人得病,胡雪岩为她请来了杭州城里最出名的大夫为其医治。大夫望闻问切之后,开了药方。当时杭城最有名的药店当属叶种德堂,胡雪岩就派人去了叶种德堂抓药。不料药抓回来后,熬药时胡雪岩发现有好几味药已经发霉变质了。胡雪岩很生气,就命人再去一趟叶种德堂换药。谁知药房老板不但不认账,反而揶揄道:"我们店里的药就是这样的,不满意的话,

芝园

那就请你家胡老板自己开一家药店好嘞!"胡雪岩听罢大怒:"你以为我胡雪岩真的开不起药店吗?那我就开给你看,定开得比你大,比你好!"

这种说法流传了很多年,1996年播出的电视剧《胡雪岩》里便用了这种说法。而另一种说法,则是与当时杭城的疫情有关。

清同治元年(1862)六月,左宗棠率军从安徽进入浙江进攻太平军,稳扎稳打,先到衢州,继而攻下严州,再经严子陵钓台,沿七里泷溯江北上,于次年二月间进围了当时杭州南面的富阳。由于战乱频繁,大量的伤员都涌入了杭州城。胡雪岩敏锐地意识到,如果不采取及时有效的措施,很容易暴发大规模的疫情。于是他通过各种关系找到了杭城的一些名医,共同商讨如何防控疫情。讨论到最后,大家一致认为,可以参照当年苏东坡在杭抗疫的经验,由有经验的名医开出预防和对付疫情的药方,熬制好放在城中各处,供人们免费索取。

除了布施汤药供市民索取之外,细心的胡雪岩还亲自采购了一些药材放在城中各处,方便没有索取到汤药的市民自己熬制。胡雪岩的这一做法得到了老百姓的称道,更重要的是,这件事让原本只是个商人,和医药并无关系的胡雪岩和药材有了连接。

转眼到了清同治十二年(1873),时任陕甘总督的左宗棠发兵新疆。当时国库空虚,粮草不足。胡雪岩先后六次出面帮助筹借外债共计白银一千八百七十万两,解决了军队的粮草、经费等问题。为此,左宗棠称赞道:"雪岩之功,实一时无两。"当年朝廷也因为胡雪岩协助左宗棠收复新疆有功,授予他三品官职,还赏赐了黄马褂。按照清代惯例,只有乾隆年间的盐商才有过戴红顶子的先例,要说能穿黄马褂和戴红顶子的商人,史上也只有胡雪岩一人,所以胡雪岩被称为"红顶商人"。

西征时遇到的问题除了经费,实则还有药材。

原来,军中将士在西征打仗时普遍遇到了水土不服等问题,一时间士气锐减。胡雪岩见状,找到最好的药店,为将士们准备了"诸葛行军散""胡氏辟瘟丹""八宝红灵丹"等大批药物以抵抗水土不服和疫病等问题。

战乱平息后,"讨取填门即远省寄书之药者日不暇给"。

这大概是胡雪岩第二次与药材有了深刻的联系。他忽然意识到,药材一事,利国利民。为"广救于人",胡雪岩决定开办药号,自制丸散膏丹以应病家需求。

给药号取名的时候,胡雪岩想起为母亲造的佛堂中的对联"积善之家,必有余庆",便征求母亲意见。母亲略一沉吟,说:"我稍稍改一下,叫'庆余堂'可好?"

"母亲赐名,岂有不好之理?就叫庆余堂!"胡雪岩回答道。

店名起好,谁来出任这家未来江南第一大国药号的经理呢?许多人问胡雪岩,他只是笑笑不语。胡雪岩出身钱庄,做生意自然精明能干得很,但对中药却是个外行。面对着一大沓推荐信,胡雪岩仔细翻阅,认真地考虑。来应聘的人真不少。有精于计算,在胡雪岩面前把算盘珠子拨得啪啪作响的,也有认为胡庆余堂可以从小本经营入手的。胡雪岩对这些都不满意。他深知选一个好经理对胡庆余堂来说太重要了。

在与朋友聊天时,胡雪岩偶然得知上海松江余天成药号的总经理和副董事长余修初非常有魄力,没准儿是个做经理的好人选。胡雪岩默默记在心里,托人略一打听,便启程去上海松江,他要去会一会这位余经理。两人一见面,就颇为投机。对于胡庆余堂的经营,余修初的建议是:应该搞大,建立药厂、药号、药行和药市,一条龙经营。哪怕头几年亏本也不怕,以求大利。胡雪岩听罢,心中大喜,正合他意,他终于找到了自己的知音!他当即拍板高薪聘请余修初为胡庆余堂第一任经理。

清同治十三年（1874）一月，胡雪岩在杭州直吉祥巷九间头开设胡庆余堂雪记国药号筹备处。清光绪二年（1876）又在杭州涌金门外设胶厂、养鹿园。清光绪四年（1878），吴山脚下大井巷建筑中的胡庆余堂药店开张，一时人来客往，热闹非凡。

戒欺铺就百年路，仁术妙方庆余堂

胡庆余堂旧貌

在此后的百余年里，胡庆余堂、叶种德堂、张同泰、万承志堂、泰山堂、方回春堂这杭城医药的六大家，彼此竞争。传说当年这六大国药号，都用的是西湖里的水煎方熬药。那时的西湖水啊，还是碧绿碧绿的。

三

胡庆余堂一开张，就全面继承了《太平惠民和剂局方》制药技术和标准，并以此为基准，广泛地搜集散布于民间的古方、验方和秘方，并结合临床实践经验，悉心调制丸、散、膏、丹、胶、露、油、药酒方四百余种，旨在传承南宋官方制药的精华。从这个意义上讲，杭州是古代中医药典的发迹之地，而胡庆余堂则秉承了这一优良的传统。

跨进胡庆余堂青石库门，房屋高敞，富丽堂皇，曲折幽深。大厅里挂着许多名人匾额，更增店堂气氛。店堂内挂有两块牌子，朝外，题字"真不二价"。学的是古人韩康，所卖的药物都做到货真、质好、价实且童叟无欺；朝内面向药房和经理室挂"戒欺"二字，这是胡雪岩亲笔所写。它高悬于厅堂，被奉为店训。为何将"戒欺"作为店训？胡雪岩道出了此中真意："药业关系性命，尤为万不可欺。余存心济世，誓不以劣品弋取厚利，要每一职员都明此理，抬头即见此二字。""戒欺"匾额旁边有跋云："凡百贸易均着不得欺字，药业关系性命，尤为万不可欺。余存心济世，誓不以劣品弋取厚利，惟愿诸君心余之心，采办务真，修制务精，不至欺予以欺世人，是则造福冥冥，谓诸君之善为余谋也可，谓诸君之善自为谋也亦可。"

胡庆余堂长廊右壁悬挂有三十八块丸药的牌子，牌子上标明了各种丸药的主治与功效，顾客一进门就能看

戒欺铺就百年路，仁术妙方庆余堂

"戒欺"匾额

得清清楚楚，明明白白。店堂内还有一个大香炉，又名焚药炉。只要是顾客买到觉得不满意的药品，全部扔到焚药炉里焚毁，另换新药。

一日，有位香客到店里来买辟瘟丹。客人拿到药后，像往常一样把药放到鼻子底下闻了闻，他觉得味道似乎有点不太对头，于是皱起了眉头。不料这一幕被恰好经过的胡雪岩看到了，他当即走了过去问明情况，同那位客人说："这位先生是否方便把这辟瘟丹借我一闻？"接过客人递来的辟瘟丹后，胡雪岩仔细辨别并亲自闻药，闻完后，二话不说就将这辟瘟丹扔进焚药炉，炉中烈焰熊熊，瞬间就将药物吞没。胡雪岩向客人致歉，并亲自向账房询问此事缘由。原来辟瘟丹恰好售罄，新药还未赶制出来。他询问了香客，方知其来回路途遥远，便留客人住下，并保证三天内将药赶制出来，以便让顾客能及时将药带走。三天后，顾客拿到赶制好的新药，才知道接待他的就是大名鼎鼎的胡大老板，顿时感激涕零，一个劲儿地要下跪。此后这名客人到处宣扬胡庆余堂药不欺客，一时传为美谈。

胡庆余堂的生意越做越大，对其他药号是有影响的。面对这种影响，有些药店的老板开始以低价销售。这天，余初修经理跟胡雪岩汇报近日营业额有所下降，多半是同叶种德堂低价销售有关。胡雪岩听罢笑了笑，说："无妨。有时间吗？要不要听我给你讲个故事？"余初修点点头。胡雪岩继续说道："古时候有个医生名叫韩康，他不仅医术高明，而且凡事亲力亲为，亲自上山采药，精心焙制药物，生意一直很好。药市上有人要抢他生意，就将差等的药充好药贱卖，对于药的价钱也胡乱标价。但韩康不受影响，也绝不这样做。他说，药是治病的，差药治不好病，虽然由于价格的原因生意的确受到一些影响，但因为他的药确实效果好，天长日久，生意也就恢复了。说来说去啊，生意好不好，关键还在一个'真'字。"

就这样，胡雪岩非但没有像其他药店那样低价销售，以次充好，反而更加注重药品的质量，并让每位店员牢牢记住"真不二价"这四个字。

旧时杭州药业的经理被称为"阿大"，负责全店的工作；进货的经理被称为"阿二"。"阿二"对"阿大"负责。可是"阿大"和"阿二"在进货的价格和数量上往往有争执。争执多了自然影响生意和员工的心情。对此大家都颇为头疼。

这一年"阿二"经理从东北采购人参归来，东北路途遥远，"阿二"回来时风尘仆仆，人也瘦了许多。由于边境在打仗，这年的人参质量远不如往年，但价格却贵了许多。见此状，"阿大"经理就不太高兴，埋怨了"阿二"几句。"阿二"辛辛苦苦大老远回来还没歇一会就被数落了，自然是不开心的，就与"阿大"吵了起来。俩人越吵越凶，各不相让，一直吵到了胡雪岩那里。胡雪岩静静地听完了两人的叙述，一言不发。

的确，"阿大""阿二"有矛盾这个问题已经困扰胡雪岩好几年了，他觉得确实到了应该解决的时候了。吃晚饭时，胡雪岩设家宴为"阿二"经理接风洗尘，并向他敬酒，感谢他万里奔波，在困难的情况下为本店采购到大量人参。看到这一幕，"阿大"经理有些坐不住了，他也举起了酒杯向"阿二"敬酒。"阿二"看到"阿大"敬自己酒，也觉得挺不好意思的。一时间两人的关系就融洽了许多。

饭后，胡雪岩特意以商量业务为名把"阿大"留下。他对"阿大"说，都说将在外军令有所不受。我们做生意的，疑人不用，用人不疑。我看呀，以后采购的事儿就全权交由"阿二"负责，你看如何？

"阿大"经理道："那'阿二'岂不成了'阿大'？"

"对！"胡雪岩笑道，"我们就叫他'进货阿大'。"

从此"进货阿大"的名号就传开了，两名经理各司其职，相处融洽，把经营搞得更活了。

有一日，店里一名员工不慎将豹骨错当虎骨买回，而且还买了不少。因为这名员工经验丰富，从未出过错，"进货阿大"素来很信任这名员工，此时又正值进货旺季，业务繁忙，他未经详细检查就将豹骨入库备用。这事儿被一名副经理知道了，这名副经理以为自己升官发财的机会到了，忙不迭地向胡雪岩打了小报告。不料胡雪岩听罢，并没有表示什么，只是问道："你是否向'进货阿大'反映了此事？"他说没有，并进一步说，这批货就是"进货阿大"验收的。胡雪岩点点头表示知道了，随即亲自带人去检查了这批"虎骨"，发现确有此事，的确是弄错了。他当即下令销毁了这批被错当成虎骨的豹骨。

这件事让"进货阿大"觉得羞愧不已，无地自容，当即向胡雪岩递交了辞呈。不料胡雪岩不但没有批准，反而宽慰他："忙中出错在所难免。以后注意便是。"而那名向胡雪岩告状的副经理不但没有等来他的"良机"，反而收到了一份辞退书，卷铺盖离开了胡庆余堂。

后来有人问起胡雪岩为何作出这样的决定时，他说，身为副经理，应该协助"进货阿大"工作，他当面不说，却在背后进谗言，说明此人心术不正，岂能再用。

四

在胡庆余堂门楼上至今仍保存着胡雪岩所立的"是乃仁术"四个大字。这四个字出自《孟子·梁惠王上》："无伤也，是乃仁术也。"

"局方紫金丹"是一种可以镇惊通窍的急救药，非常名贵。同为知名药号的叶种德堂也有出售这种药，但疗效一直不甚理想。胡庆余堂也一直在试制此药，无奈效果同样不甚满意。依照胡雪岩的个性，没有最好疗效的药是不会拿出来出售的，但为了研制已经耗费了不少名贵药材，放弃了又感到可惜。于是在胡雪岩的召集下，胡庆余堂请来了多方名医、药师一起"会诊"，商量着如何才能制作出具有良好药效的"局方紫金丹"。讨论了好几天，也试了好多种方法，却一直没有什么进展。正在大家都有点心灰意冷的时候，一位职位不高的老药工出现了。面对在座的国医高手，老药工张了张嘴想说点什么，但最后还是忍住了。这一幕却没有逃过胡雪岩的眼睛。散会后胡雪岩亲自找到这位老药工，向他问起了有关"局方紫金丹"的情况。原来这位药工干这一行已经六十余年了，家中几代都是药工。他说他曾听自己的祖父说起，"局方紫金丹"必须要金铲、银锅做出来，才可以保证疗效。

金铲和银锅，想想都是价值不菲啊。经过详细地测算，余修初告诉胡雪岩，制作一把金铲需要黄金四两多，一只银锅需要白银四斤左右。这样昂贵的工具，真是闻所未闻！胡雪岩得知立即拍板："为求药效，不惜血本！"于是余修初便按照胡雪岩的意思找到了杭州城最有名的金、银匠来打造熬药的金铲和银锅。

胡庆余堂的金铲和银锅

原来"局方紫金丹"中有一味药,叫作朱砂。此药药性较活,遇铁或者铜很容易起化学反应,进而影响药效。果然,用金铲和银锅制作出来的"局方紫金丹"的药效大大提高了,这药也成为胡庆余堂的名药之一。经理余修初说:"制出紫金丹并不稀奇,胡老板的大手笔我不能不佩服。"

胡庆余堂在杭州西子湖畔的涌金门外设有胶厂,利用西湖淡水熬胶制药,制作的驴皮胶质量很好。胶厂中有养鹿园,养着一大群梅花鹿。用鹿骨制成的"金鹿丸"闻名遐迩,养鹿园也成了当时湖边一景。

有一年,杭州街头传出消息,说胡庆余堂的鹿是养着给人看看的,"金鹿丸"其实是用驴骨制成的,一时传得很广。经理余修初听到此种传闻,气得好几天都吃不下饭,打算去与那些造谣的人理论。看到余经理生气的样子,胡雪岩反而安慰起他来:"修初,不必生气,这是有人与我们过不去,我们得想出好办法来。"次日杭州大街上响起了锣声,几名穿着胡庆余堂号衣的职工,赶着一群鹿,在大街上巡游,引得路人和邻居驻足观看。职工赶着鹿群在街上走了一圈,回涌金门外的胶厂后当众宰杀,并送进制药工场,还准许部分居民进工场观看制药过程。这一举动很快又在杭州城的大街小巷、茶楼酒馆传开了,用驴骨代鹿骨制作"金鹿丸"的谣言不攻自破。这一风波虽然平息,但胡雪岩心知这是暂时的,要想让老百姓信服,必须牢牢把好进药一关。

中华古国,名医辈出,验方如山,但盗名欺世者也不在少数。从一开始胡雪岩就注重用高价聘请名医,用重金寻求良方。清末,西方工业文明开始传入我国,报业兴起。胡雪岩嗅觉灵敏,目光如炬,率先利用媒体对胡庆余堂进行宣传,并发布广告招聘人才。各地著名中医慕名而来者甚多。胡雪岩对他们以礼相待，照顾得无微不至，让他们能够安心从事医学研究。

据传，有一个民间郎中献出一本家传秘方。经名医验证，居然是一本失传古方。胡雪岩当即奖以重金，并留这名郎中在店中任事。这一来，各地献方者很多，胡雪岩一律认真对待，设专人处理此事，从中去伪存真，为提高药品质量打下基础。对于从各地邀请来的名医，胡雪岩从不干涉他们的研究工作，也不限时限量。但他们感于胡雪岩的知遇之恩，无不勤奋工作。

有一日，店里来了一名青年书生，他十年寒窗苦读，好不容易考上举人，却发了癫狂之症。他是家中独子，父母甚是心焦，只好陪他来此寻医问药。堂内名医束手无策，一位大夫说，此病龙虎丸或许能治，但店内并无这药。于是胡雪岩便先让这名病人回去，答应半个月内制成龙虎丸并送去。这厢送走了病人，那厢胡雪岩却犯了难。这龙虎丸中是含有剧毒药品砒霜的，而且比例很大，必须搅拌均匀，否则治病不成反而害了人。

那个年代没有搅拌机，搅拌药品全靠手工，试问谁能担保将砒霜拌匀？大家面面相觑，都摇着头，没有一人敢接这份工作。胡雪岩也苦苦思索着。十天后的一个清晨，他兴冲冲地来到店里，说是昨晚药王桐君托梦，教他制作龙虎丸的方法。他下令让人把一间制药的房间打扫干净，并将门窗全部紧闭，不准任何人入内和窥看，只留下几名工人，将药粉配制好后，如此这般地教了工人几遍。工人们在密室里操作了三天，果然成功制成龙虎丸，恰好到了半个月之期。药送到病人家中，病人服用后果然灵验，药到病除，大家称奇。一次酒后，胡雪岩吐露了秘密——他让工人用木棒在药粉上正正反反将"龙虎"二字写上九百九十九遍。如此精心搅拌，药粉岂能不匀？！至于是否有药王托梦，大概也只有胡雪岩自己清楚啦。

武林医薮，寻常巷陌

严官巷

南宋时，有一姓严的郎中在临安城内开设了一家医馆，口碑颇好。

秋天的一个清晨，临安城的大街小巷被初升的太阳镀上一层金光。提着篮子买菜的，挑着担子赶往集市的，走亲访友以及外出游玩的，来来往往，络绎不绝。各家商号早已陆陆续续开门做生意，车水马龙，到处一片繁荣景象。

往常看到这一幕，太上皇赵构总会捻着胡须欣然微笑，甚至会因此暂时忘记南渡的慌乱以及偏安一隅的屈辱，还会为这繁华的街道、富庶的子民而由衷欢喜。但这几天，他一直十分烦闷焦躁，此时正要去凤凰山的皇家寺庙上香。

前几天，宫里新到一批湖蟹。御厨用民间流行的吃法，把蒸熟的螃蟹加上花椒、冰糖和黄酒，再放入陈年酒糟中酿制，这螃蟹会更有一番独特味道，民间俗称"糟螃蟹"。宋孝宗赵昚很喜欢，忍不住多吃了几只，之后就连续拉肚子。宫中御医来瞧过了，也开出了方子，可是都没有什么效果。赵构昨日去看望，只见赵昚脸色苍白，腹痛不止，已经卧床不起。赵构训斥御医，让他们会诊，赶紧想出治病的良方来。与此同时，他也命人在皇城的大街小巷贴出皇榜，如果谁能揭榜治好皇上的病，必将重赏，加官晋爵。皇榜是贴出去了，可看热闹的人虽多，却没有一人揭榜。一夜之间，京城里的各家医馆仿佛全部噤声，他们几乎都有同样的念头：那御医都不能治，咱还能治得了？弄不好惹怒龙颜，掉脑袋可怎么办？赵构忧心忡忡，这偌大的临安城，就没有一个能治好皇帝的贤士？还有这些御医，都是吃白饭的吗？小问题要拖成大毛病了！天气刚刚转凉，皇帝就因为吃了几只螃蟹而卧床不起，自己亲自挑选的接班人，难道就这等没福？想到这里，赵构的心里就堵得慌，看天气晴好，索性出城走走。

赵昚原来名叫赵伯琮，是宋太祖赵匡胤的第七世孙，并不是赵构的亲儿子。赵构曾经有过一个儿子赵旉。然而，赵旉三岁时就因惊吓过度而死去了。那以后，赵构常常悲伤不已，担心赵家的江山后继无人。

南宋绍兴二年（1132），南宋朝廷在东南地区初步站稳了脚跟。赵构命人找来宋太祖一脉的皇室后人——六岁的赵伯琮和七岁的赵伯玖，把他们养育在宫中。

起初，他和韦太后一样，对个子略高、身体稍胖的赵伯玖更偏爱一些。有一次，赵构突发奇想，想考考两个孩子最近学习学得怎样。孩子们被带上来，毕恭毕敬地垂手立在殿堂的台阶下，不论赵构问什么问题，他们都能对答如流。不愧是皇室血脉啊！赵构正为此感到欣慰。忽然，一只黑猫蹿了出来，从两个孩子身旁跑过，稍胖的赵伯玖见了，猛地一脚踢去，那黑猫吃痛，"喵呜"

武林医薮，寻常巷陌

杭州风华
HANG ZHOU

宋孝宗赵昚像

169

一声落荒而逃。个子偏矮、身体偏瘦的赵伯琮却专注地只听赵构讲话，显得平和而稳重。经过此事赵构认为，小小年纪的赵伯琮，知书达理，遇事也不慌乱，是合适的皇位继承人。

转眼间，赵伯琮长大了，也经历了各种大大小小的考核。他虚心好学，对赵构也是无比忠诚。南宋绍兴三十二年（1162），赵昚被立为皇太子。同年六月，宋高宗赵构御笔，赐赵昚的字为元永，并传位给赵昚，让他做了宋孝宗。至于让位的原因，赵构曾向右相陈康伯说："今老且病，久欲退闲。"

可哪里知道新皇帝这么"不争气"，贪吃几只湖蟹就因此而病倒，身体也太虚弱了！要是这消息传出去，岂不是被天下人耻笑？

想到这里，赵构更是烦心和懊恼。他打算去凤凰山烧一炷香，给皇帝赵昚祈福。经过万松岭的时候，他发现巷口有一处池塘，一个男人挽着裤腿，正在挖塘里的莲藕。他的妻子把那些满是淤泥的莲藕拿到溪水边清洗，然后再一一搁进竹筐里，雪白的莲藕就像婴儿的胳膊一样胖乎乎的，煞是可爱。赵构正看得入神，却见一个孩童走出来，对那个挖莲藕的男人说："爹爹，今天学了一首诗，让我背给您听听，爹爹要猜一猜，写的是什么！"男人微笑道："好孩子，背出来，爹爹猜一猜！"赵构也笑了，这父子俩的对话还有点意思，亲切随和，没有宫里的繁文缛节，让人羡慕。出城以来，总算看到一件有点趣味的事情。

赵构命人停下车马，慢慢踱步过去，想听个究竟。只听到那小孩背道："霜前不落第二，糟余也复无双。一腹金相玉质，两螯明月秋江。"赵构一听，这不是本朝大诗人杨万里所作的《糟蟹六言》二首中的一首吗？可是一想到糟蟹，赵构整个人都不好了！

父亲听到孩子背了这首诗，顿时哈哈大笑："我看你啊，不是想背诗给我听，分明是想让爹爹给你烧螃蟹吃！我说的对不对啊？"小男孩不好意思地一笑，连连点头。那男子抚摸着孩子的小脑瓜说道："螃蟹色香味美，但不能贪多。一旦食多了，寒气郁结在肠胃内，很伤身的。"孩子好奇地仰起小脸问道："什么是寒气郁结？""这个呀，等你长大了爹爹再告诉你。"男人笑道。赵构在旁听得分明，迅速唤住男人："请问前方高士，一旦寒气郁结，又该怎么办呢？"男人诧异地回转身，打量着眼前的陌生人，只见他气宇不凡，言辞恳切。听口音，是中原人士，看随从的衣着，料想应是一位官人。赵构接着说："我家儿郎前几日多吃了几只糟螃蟹，得了痢疾，请几位名医看过，都不曾见效。刚才听先生与令郎的对话，似乎有办法解决，特来请教。"男人这才明白赵构的意图，他详细地询问了赵旮的病情后，便十分有把握地告诉赵构：这病能治。

原来，这个男子正是在附近小巷内开医馆的严大夫。严大夫在竹筐里挑选了一根最大的莲藕递给赵构，并告诉他这个能治病。严大夫给妻儿交代了几句话，然后去医馆里背了药箱出来。这边侍从们早已经备好了车马等候着。严大夫来不及细想，一心想着救人要紧。

严大夫上了车，马车疾驰，直奔皇城而去。到了宫门外，严大夫从马车内向外探看：两排整齐的仪仗队威严肃立，一见他们的马车，齐刷刷一起跪下叩头。严大夫不禁大吃一惊，刚才的贵人，难道……难道是太上皇？他的额头上立刻沁出一层细汗。他慌忙叫车夫停下，赶紧从马车里出来，就地在路边跪下，一边叩首，一边颤声道:"小民无知,不知太上皇驾到。"赵构道:"不必多礼,治好皇上的病,不但宽恕你的罪,还给你封官赏银!"这时,一名内侍已经把城墙上的皇榜揭下,递给严大夫。

严大夫就这样被带到了宫里。此时的赵眘因为腹泻不止几近虚脱,宫里的女眷们个个眉头紧锁,有的还在念佛。严大夫走到近前,一番望闻问切后,知道这病症虽然看似很重,其实就和自己预料的一样,是寒气郁结所致。他从药箱里拿出一个杵臼,又截取一段莲藕,连着藕节,一起剖成小块,放入杵臼里,开始捣制起来。

赵构见严大夫只是捣藕并不开方,便皱了皱眉。不过他想,既然人是他请来的,且看看吧。于是耐下心来,静静等着。严大夫看出了赵构的疑惑,上前毕恭毕敬地向赵构禀报:"请太上皇放心。刚才小人已经为皇上号脉,皇上确因食蟹导致脾胃阴虚,引起冷痢。"严大夫仿佛知道赵构的疑惑,毕恭毕敬地讲解说:"藕节性平、味甘涩,入心、肺、脾三经,可以祛湿止痢,又善解蟹毒,待捣成汁后,加入温酒服下,很快就可以康复的。"赵构听他说得在理,就不追问了。

赵眘接连几日服下用温酒调制的藕汁后,病情好转得很快,面色也慢慢恢复正常了。看见赵眘病愈,赵构脸上的愁云逐渐散去,只觉得喜从天降。赵构正要对严大夫进行封赏,忽见严大夫捣药的杵臼还在桌上,那杵臼朴素而古旧,大概是用得太久了的缘故。赵构端详着那杵臼,微笑着改变了主意。他命人拿来宫里用的金杵臼,把它赏给严大夫。

按照皇榜上的承诺,严大夫被封为"严防御使"。与别的"防御使"不同,因为有太上皇赏赐的金杵臼,当地百姓便称他为"金杵臼严防御使"。严大夫向来坚信治病救人是医生的天职，但他做梦也没想到，能有机会治好当今皇上的病，还有意外的荣华富贵降落到自己头上。而宫里的御医们，得知消息后都十分惭愧，他们过分地谨小慎微，把历代治疗痢疾的良方都看过用过，却万万没想到，一段莲藕，胜过所有灵丹妙药。真是高手在民间啊！

赵构本想让严大夫留在宫里，严大夫却觉得宫里已经有很多医术高明的御医，自己不过是幸运地知道这个偏方而已。赵构问他还有什么要求，严大夫便鼓起勇气，请求让回到万松岭，为更多的百姓治病。他说，那也是天子脚下，离皇宫不远，圣上可以随时召唤他。赵构想想也有道理，便不再强留，由他去了。

南宋的防御使，只有虚衔，并无实权，所以也不影响严大夫继续在小巷子里开医馆。因为治好了皇上的疾病，严大夫名声大噪，慕名而来的学者、医家和病人络绎不绝。很多从外地来的人找不到路，总是这样问路人："金杵臼严防御使家怎么走？"时间一长，大伙儿都嫌名字太长，太拗口，干脆就问："严官人的家怎么走？"再后来，人们就索性叫那条小巷子为严官巷了。

这则故事在杭州学者丁丙于清光绪年间编纂的《武林坊巷志》中是有记载的。严官巷，东出大学士牌楼，西出寿春弄。读书人金炽福、高有翼等均居此。《船窗夜话》《养疴漫笔》等杂记中都有记载，宋高宗赐金杵臼于严防御，呼为"金杵臼严防御家"。

秸接骨桥

中河秸接骨桥，始建于宋，原名州桥，西连中河路，

稽接骨桥

东接原稽接骨桥河下，为单孔石拱桥。《武林坊巷志》里对于稽接骨桥的位置是这样描述的："稽接骨桥，西出凤山门大桥，东通彩霞岭巷。"

中河上的桥名，大多数都随着历史变迁多次改名，但这座桥偏偏从古至今都姓"稽"。历史上姓稽的医家名人，在宋朝时有个叫稽清的，明朝有一位叫作稽胜。康熙《仁和县志》记载："稽清，字仁伯，世传秘术，善疗金疮骨损。父初由汴扈跸南渡，时方戎马蹂躏，全活甚众。及北兵入寇，帅臣请俱。值兵溃，因失所在。事闻，命清摄职。年未冠，蚤①谙先业。已而宫中有患折肱者，他医莫措，清为整治，完好如昔。禁掖诧曰：小小稽真能接骨耶？寿皇躬亲骑射，时有误损，应期而瘳，中外益重之。先是大江以南，良医固鲜，正骨一科，尤所罕睹。清既著名，日有扶疾就视者，续断起废，辄见奇效。"《武林坊巷志》又载："其后有胜者，侍明武庙，以杂科显，掌院事，卒于官。至今称稽接骨焉。"

①蚤，通"早"。

明万历《杭州府志》载:"嵇胜,字大隆,钱塘人。弘治间,缺少内外因科,征入京,授太医院医士,积有年劳。明正德元年(1506),升任御医,盖嵇本祖传接骨,而杂科则胜自精研者。"

嵇清的父亲是河南名医,宋室南迁时,他跟随着父亲到了杭州,在中河边开了一家治疮接骨的医药店。嵇清父子医术高明,可以称得上手到病除,无论什么样的疑难杂症,再难接的骨,到嵇清父子这里,都没问题。"日有扶疾就视者,续断起废,辄见奇效"便是《两浙名贤录》对嵇清医技的描述。

《杭州府志》说了这样一个有趣的故事:

南宋时候嵇清住在中河的河东,因善于接骨治伤,人称"嵇接骨"。嵇大夫不仅艺术高,医德也好,遇到有贫苦百姓去求医接骨,他总是不肯收受酬金,免费医治,有时候反而倒贴药钱。杭城的百姓们个个称赞嵇大夫的医德和医术,日子久了,他的名声也就越传越广,名气也越来越大。

杭州城内有一条长长的中河,下通钱塘江,上通大运河,把那时的杭州城分成了东西两半。河东的人到河西去,河西的人到河东来,都要绕一个很大的圈子,非常不便。那个时候,穷苦百姓上山砍柴,挑担过河,难免跌断脚骨,压伤腰骨,常常请嵇郎中上门去看病。但由于那条中河横亘在中间,从河东到河西去看病很不方便。嵇大夫有一次听说因为绕路耽误了时间,使一名骨折病人落下了终身残疾。这下嵇清心中十分不安,他总想着如果能在河上造一座桥,老百姓出行、看病就会方便很多。可自己也只是一名大夫,虽然给病人看病、接骨能养活自己,但是造桥毕竟是一件大事,需要很多钱呐！从此，他节衣缩食，生活过得更清苦了。

这一天，赵眘带领一批王孙哥儿出外打猎，一不小心，从马背上摔下来，把脚踝骨给摔折了。众人都吓坏了，这怎么得了呢！于是大家把皇帝抬回宫中，赶紧到太医院请来御医诊治。哪知道所有的御医全都看过，赵眘苦头吃了不少，药方开了一大堆，可是这脚伤就是医不好，痛得他整天哎哟哎哟地叫个不停。皇上心情不好，身边的人也都跟着受罪。宫中的人各个绞尽脑汁，想着如何才能治好皇上的腿伤。这时，有人推荐了嵇清。赵眘此时已经被脚伤折磨得心烦意乱，听说有人能治病，能接骨，就立马传下圣旨，命太监去把嵇郎中叫来。

嵇郎中跟太监进了皇宫，把皇帝的腿一检查，发觉跌得确实不轻，不过凭自己的医术，还是可以接好的。他正要动手接骨，忽然记起了造桥的事，心想：我一个钱一个钱地积起来，还不知道要到哪年哪月才能造得起这座桥！何不趁这个机会……嵇郎中这么一想，就掉转身一声不响地往外走。太监一看急了，赶紧叫住问道："嵇先生，皇上的伤究竟好不好医啊？"嵇郎中把头摇得像个拨浪鼓，连连说："万岁的病，岂能是光凭小民的医术就能治愈的。"皇帝一听更急了，再三追问。嵇郎中见皇帝催得紧，便说："万岁定都临安，这临安就是乘龙之地。但是城内的中河正好截断了龙脉中的一条腿，所以万岁有此断腿之厄，要是不把龙脉接上，单凭小民的医术，恐怕也难。"

一番话，吓得皇帝浑身冒汗，迫不及待地询问嵇郎中接龙骨的办法。嵇清于是说道："在六部桥以北约一里远的地方，就是龙脉被截之处，只要在那上面造座桥，皇上的龙骨就接上了。"皇帝听了嵇郎中的话，为了早点医好腿伤，立即命令工部着手造桥。半个月后，一座古朴端雅、小巧玲珑的石砌拱桥就造好了。

皇上的腿伤也在嵇清的精心治疗下痊愈了。

从此，中河上又多了一座石拱小桥，大大方便了河两岸的百姓。人们为了纪念这位叫嵇清的接骨郎中，就把这座桥叫作"嵇接骨桥"。

嵇清老了之后隐居山阴（今浙江绍兴），依旧为当地百姓治疗骨伤，后来还收了学徒，于是他的骨伤科医术就这样一代代传了下来，如今在浙东一带仍然有着很大的影响力。

参考文献

1. 朱德明：《浙江医药通史·古代卷》，浙江人民出版社，2013年。
2. 朱德明：《浙江医药通史·近现代卷》，浙江人民出版社，2013年。
3. 朱德明：《自古迄北宋时期浙江医药史》，中医古籍出版社，2013年。
4. 朱德明等：《杭州医药史》，中医古籍出版社，2007年。
5. 朱德明：《杭州医药文化》，浙江人民出版社，2011年。
6. 朱德明：《南宋时期浙江医药的发展》，中医古籍出版社，2005年。
7. 张朋主编：《杭州市非物质文化遗产大观·传统医药卷》，西泠印社出版社，2015年。
8. 朱德明：《浙江部分老字号中药店堂回眸》，《中华医史杂志》2010年第6期。
9. 张能竟：《桐君传奇》，宁波出版社，2001年。
10. 魏一媚编著：《桐君山》（杭州全书·钱塘江丛书），杭州出版社，2014年。
11. 朱睦卿：《山高水长严州府》（杭州优秀传统文化丛书），杭州出版社，2020年。

12. 章鹏飞编著：《天目山中药文化》，浙江古籍出版社，2014年。

13. 高阳：《胡雪岩全传》，南海出版公司，1998年。

14. 赵遵生：《千古传奇自风流——苏东坡》，百花文艺出版社，2017年。

15. 李阅东、叶华醒编著：《朱养心传统膏药制作技艺》（浙江省非物质文化遗产代表作丛书），浙江摄影出版社，2016年。

16. 丁黎、俞柏堂编著：《方回春堂传统膏方制作技艺》（浙江省非物质文化遗产代表作丛书），浙江摄影出版社，2019年。

17. 方仁英、王人彦编著：《富阳张氏骨伤疗法》（浙江省非物质文化遗产代表作丛书），浙江摄影出版社，2015年。

18. 王艳、王露编著：《方回春堂：妙手回春国医馆》，杭州出版社，2021年。

19. 政协杭州市萧山区文史和教文卫体委员会编：《百年茶亭》，中国广播影视出版社，2015年。

20. 洪校生：《苍生大医——接骨圣手张绍富传奇》，作家出版社，2009年。

21. 江涛编著：《吴师机》（中医历代名家学术研究丛书），2017年。

22. 刘金生：《外治大师吴尚先》，《长寿》1994年第2期。

23. 马永祥：《胡庆余堂》（西湖全书），杭州出版社，2006年。

24. 吴秋登：《名中医与杭州旧巷的传说》，《养生月刊》2007年第4期。

（衷心感谢浙江中医药大学原校长、国家级名中医、国家"973计划"首席科学家、浙江省中医药学会会长范永升教授和浙江中医药大学教授、浙江中医药大学中医药文化研究院副院长、文化和旅游部中国非物质文化遗产保护协会中医药委员会副秘书长和常务委员朱德明教授对本书写作的指导。)

丛书编辑部

艾晓静　包可汗　安蓉泉　李方存　杨海燕
肖华燕　吴云倩　何晓原　余潇艨　张美虎
陈　波　陈炯磊　尚佐文　周小忠　胡征宇
姜青青　钱登科　郭泰鸿　陶文杰　潘韶京
（按姓氏笔画排序）

特别鸣谢

楼含松　卢敦基　江弱水（系列专家组）
魏皓奔　赵一新　孙玉卿（综合专家组）
夏　烈　沈　勇（文艺评论家审读组）

图片作者

叶志凤　陈　俊　武　超　项隆元　姚建心
蔺富仙
（按姓氏笔画排序）